动物园桥牌系列丛书之四

风云骤变

[英]维克托·莫洛　著
王止戈　译

U0837456

成都时代出版社

四川省版权局
著作权合同登记章
图进字 21-2016-230 号

图书在版编目（CIP）数据

风云骤变/(英）维克托·莫洛著；王止戈译. --成都：成都时代出版社，2016.9
（动物园桥牌系列丛书；四）
ISBN 978-7-5464-1696-0

Ⅰ. ①风… Ⅱ.①维…②王… Ⅲ.①桥牌-基本知识 Ⅳ. ①G892
中国版本图书馆 CIP 数据核字（2016）第 170205 号

风云骤变
FengYun ZhouBian
[英] 维克托·莫洛 著
王止戈 译

出品人 石碧川
责任编辑 曾绍东
封面设计 陈二龙
版式设计 陈二龙
责任校对 陈 硕
责任印制 干燕飞

出版发行 成都时代出版社
电 话 (028) 86619530（编辑部）
(028) 86615250（发行部）
印 刷 成都蜀通印务有限责任公司
规 格 165mm×230mm 1/16
印 张 27.5
字 数 388 千字
版 次 2016 年 9 月第 1 版
印 次 2016 年 9 月第 1 次印刷
印 数 1-5000 套
书 号 ISBN 978-7-5464-1696-0
全套定价 68.00 元

前言

托尼·普莱德在20世纪60和70年代是英国的杰出牌手之一,赢得20多个全国冠军,其中包括7次金杯赛。这位前《星期日电讯报》的桥牌专栏记者,取得过1962年百慕大杯赛的铜牌和1987年的银牌(作为队长)。与尼克·加登纳联手,他还在1970年著名的《星期日时报》的邀请赛中拔得头筹。

20世纪40年代的后期,我在圣·杰姆斯公园中第一次遇到了维克托·莫洛。他刚在克劳夫兹俱乐部打完一场不走运的盘式桥牌,正在回家的路上。作为一个毛头小子,我能和这样的大人物面对面交谈真是三生有幸。

维克托身材短小,衣着考究,充满活力且博学多才,是个善于享受生活的绅士。他对我说,他倒是不在乎在俱乐部输点钱,因为他得到了一些打算用于计划中动物系列桥牌作品的牌例和启示。"嘿,这些稀奇古怪的的桥牌动物又上场了!"泰伦斯·里斯对这些作品的态度不怎么积极,但他只属于少数派,丑陋的公猪和悲哀的兔子已深受英国大众的喜爱,在大洋的另一边,他们也得到了美国读者的宠爱。有些人或许会忘记,维克托还写了其他类型的桥牌书,他与尼克·加登纳合著的《打牌技巧》[①],是最受50–70年代所有初学者、中级牌手和经验丰富牌手欢迎的。

维克托是个极具天赋的语言学家,在整个第二次世界大战期间

①现在,愉快地通知大家,2013年,这本书由Master Point出版社再版了。

为英国政府提供了良好的服务。在80年代，与我的前妻、维克托和欧文·罗斯一起为电视台录制桥牌节目的期间，我发现维克托还是个能力出众、坚持不懈的谈判者。在拍摄中没完没了的休息、等待时，维克托不仅谈笑风生地让我们倍感愉快，还抽出时间来代表我们与BBC方面谈判，把原本就相当丰厚的报酬又提高了一半。

假如说维克托也有阿喀琉斯的脚踵的话，那就是他的身高。每年的节礼日，我夫人和我会受邀与莫洛夫妇共进晚餐。

维克托的夫人，松鼠是位厨艺出众、可爱的女主人。而维克托，是位天生的葡萄酒鉴赏家，没有任何事情能让他比绕着桌子走来走去，一面详尽地介绍手中的佳酿，一面为大家倒酒更愉快的了。他总是幽默地嬉笑着："这是唯一让我显得比朋友们更高的方式了。"

维克托为人风趣，是一位勤奋且想象力丰富的作家。我相信，新读者们能从他动物园系列的故事中得到乐趣，而老读者们也会为与动物老友们重逢而感到愉悦。

托尼·普莱德

西班牙，马尔贝拉

目录 Content

前言 ……………………………………………………1
第一章　天使的尾巴 ……………………………………1
第二章　星辰密语 ………………………………………5
第三章　老爷子走背运的日子 …………………………13
第四章　兔子的大概率打法 ……………………………23
第五章　简单的算术 ……………………………………27
第六章　做错事的技巧 …………………………………31
第七章　不对等的战斗 …………………………………40
第八章　祝好人常胜 ……………………………………48
第九章　兔子挫败厄运 …………………………………57
第十章　一副不幸的牌 …………………………………62
第十一章　公猪隐瞒了他的 A …………………………67
第十二章　风云骤变的残暴命运 ………………………72
第十三章　动物园风格的混合赛 ………………………78
第十四章　独行侠能走多远？ …………………………83
第十五章　兔子大反击 …………………………………91
第十六章　厄运的特质 …………………………………98
第十七章　发给定约人的信号 …………………………105
第十八章　闪电的双击 …………………………………111

第十九章　同伴间的理解 ……………………………… 117
第二十章　海象的苦闷 ………………………………… 124
第二十一章　刁妇的温柔之道 ………………………… 130
第二十二章　聚光灯下的卡拉赔特 …………………… 135
第二十三章　兔子的冠军相 …………………………… 140
第二十四章　志得意满的微笑 ………………………… 147
第二十五章　恐惧胜于喜欢 …………………………… 153
第二十六章　错误、疏忽和遗憾 ……………………… 160
第二十七章　为就牌论牌者辩护 ……………………… 165
第二十八章　老爷子的苦日子 ………………………… 170
第二十九章　正义的体现 ……………………………… 177
第三十章　兔子要维权 ………………………………… 183
第三十一章　卡拉赔特的好日子 ……………………… 190

238
GRIFFINS
CLUB
MEMBERS
ONLY

第一章 天使的尾巴

(这个故事采用了《你在牌桌上根本就不会失败》一书中“长角的天使”一章中的部分文字,但牌例是不同的——编者)

“真是让人恼火的问题！”狄密斯托克利·帕帕多普洛斯倨傲地说道：“针对最佳的防守,南家要取到十二墩牌。最佳的,嘿,听听看！什么意思吗,只要你把什么大牌点、牌张、事实和数字都输入进去,连最笨的计算机都能做到这一点。我倒想知道,碰到最差劲的防守,南家是怎么完成这个定约的。”

我们正在独角兽俱乐部,边享用晚餐边聊天。或者,更准确地说,是公猪在聊天而大家都是听众。当公猪为自己再添点儿龙虾沙拉时,老爷子抓住了开口的机会,他手舞足蹈地以形体语言来强调自己的论点。

“看看吧,”手里挥舞着酒水单,他说着。在烈性酒的下面,他已经写好了南北方的牌：

♠9 7 6
♡4 3
◇A K 3 2
♣A Q J 8

N W E S

♠A K Q J
♡K J 5
◇J 10 4
♣K 9 3

“大家都清楚,”老爷子继续说:“叫牌是平铺直叙的。”他大大咧咧地写着,从矿物饮料一直延续到了巴黎水,叫牌过程是这样的:

西	北	东	南
			1♠
不叫	2♣	不叫	3NT
不叫	5NT	不叫	6◇
不叫	6♠	不叫	6NT

全不叫

“你那个6◇到底是什么意思?是摩纳哥约定叫吗?”鹰头狮身俱乐部经验老道的旁观者,猫头鹰·奥斯卡问道。

“一个常规的抑制攻牌叫品而已,”希腊人以居高临下的姿态解释着。“我是想吓退方块首攻,反正同伴总不能不叫,我注定要叫到6NT,东边我占便宜,西边我也没打算吃亏。小把戏,明白了?算不上什么高深的玩意儿。”

“说得更直白点,这就是老爷子的家常手段。”奥斯卡在独角兽俱乐部的对等人物,企鹅·流浪者做出了他的注解。

“那么,现在,”老爷子继续说:“就请诸位告诉我你们准备怎么取得十二墩牌吧——不消说,对抗的是最有力的防守。”

“首攻是什么?”大家异口同声发问了。

“♣10或者是♡9,先试试梅花首攻吧。”

我们马上就取得了一致的意见,要飞方块。如果飞成功了,且这门花色是3–3分布,我们的一切烦恼都不见了。如果是4–2分布,我们仍然有机会靠一墩红桃完成定约,只要♡A不是和长方块在同一手里就行了。

“那咱们再来试试首攻♡9吧,”老爷子转向了企鹅,说道:“东家跟出♡7,定约人的♡J赢进了。”

“我兑现八个黑牌赢墩……”企鹅刚刚张开嘴,一阵愤怒的、隆隆的响鼻声打断了他。丑陋的公猪一直在奋力地扭开龙虾的大螯,一时间,我以为我们的讨论分散了他的注意力。但他咆哮的同时仍然把眼光盯着面前的甲壳纲动物,既然他的意见已经清晰地表达过了,他持续着自己的努力,把粉红色、柔嫩的螯肉挑了出来。

“公猪说的很有道理,”奥斯卡从响鼻和咆哮中得到了重要的信息,他要发表意见了。“打梅花之前你没法兑现黑桃,否则出牌权就落在明手了。而且,你不能先打梅花,因为在第四轮上你没法垫牌。假如你扔掉看似没用的◇4,这门花色就被堵塞了,即便飞中了都没用了。

“但是,显而易见,”奥斯卡接着说:“首攻的♡9让形势大大地改观了。它清楚地标明了东家拿着♡A,因此♡K就是第十二墩牌,什么都不用飞了。根本不用,”他有把握地添上一句:“我看不出来这牌还有什么陷阱。”

“说得真好,”老爷子也表示赞同:“一切都挺简单的。可现在,我请诸位忘记什么最佳的防守。如果你们要对付的,比如说,是悲哀的兔子,你们要让计算机如何运转呢?”

大家还没来得及对这一严酷的现实表示任何畏难情绪,老爷子就又滔滔不绝地说开了。

“我就是庄家,”希腊人一本正经地宣称:“我当然不会飞方块了。即便是碰到了世界上最差的牌手,我们也要避免飞牌,而兔子享有世界上倒数第二的美誉。

的确，♡K 明晃晃地向我们显示是第十二墩牌。按实际分布，方块是飞得中的，且为 3–3 分布。如果对抗像样的防守，这个满贯是没法宕的。但对抗最差劲的防守，"他稍稍停顿一下后，把声音压得低低的，说出了故事的结局。"我宕了三墩。针对满贯定约，兔子竟然从 AQ 领头的长套中攻出了长四！"

整手牌是这样的：

西	北 / 南	东
	♠9 7 6 ♡4 3 ◇A K 3 2 ♣A Q J 8	
♠10 8 5 ♡A Q 10 9 6 ◇Q 9 5 ♣10 2	N W E S	♠4 3 2 ♡8 7 2 ◇8 7 6 ♣7 6 5 4
	♠A K Q J ♡K J 5 ◇J 10 4 ♣K 9 3	

首攻：♡9

我认出了这手牌，也想起了有人问兔子，他这么会对满贯定约做出如此非常规的攻牌呢？

"这是唯一没有叫过的花色呀！"他理直气壮地辩解着。

"可你出的这张♡9……"

"这个吗，"兔子骄傲地解释道："是我跟公猪学到的。对抗满贯是不能首攻真实牌张的。真牌对定约人的帮助要大于对同伴的帮助。"

"但这张♡9 可是真得没法再真的牌呀？"有一位旁观者发出了疑问。

"谁说不是呢，"兔子赞同地点了点头："因为老爷子从来不会这样打真牌，他自然也料想不到别人会这样打。连我，他也不相信。公猪说，真相是最具欺骗性的，而最漂亮防守往往是最差劲的。要不然，就是我说反了？"

第二章 星辰密语

生物诡辩术的名誉教授，由于其外表和习性而被我们称作鹭鸶者，好与人争吵，但没有一次不是铩羽而归的。上个星期五，一桩奇异事件之后，同样的状况重现了。事情是这样的。

当时，身为牙医恶行基金会的法律顾问，教授正在为基金会募捐。他路过牌室门口时，被激烈火爆的叫牌所吸引而停下了脚步。在桌上打牌的，是从爪哇来的富有的玉石商人，絮叨的鹦鹉·珀西，与其搭档的是花骡子·茉莉；丑陋的公猪和他的搭档，一个赌场的常客，白鹅·加文。

东西有局，

东发牌

♠6
♡A Q 10 9 7 5
◇Q 2
♣7 6 3 2

♠K Q J 5 3
♡3 2
◇K 7
♣K Q J 10

♠A 10 9 8 7 4 2
♡K J 4
◇J 10
♣9

♠—
♡8 6
◇A 9 8 6 5 4 3
♣A 8 5 4

西	北	东	南
鹦鹉	白鹅	花骡子	公猪
		4♠	5◇
6♠	7◇	加倍	全不叫

珀西一边拿起自己的牌，一边把侍者招呼到桌旁："来一壶中国茶，放三片柠檬，别切得太薄了，记住啊，一定得放绵白糖。两块有点太多了，一块的确有点不够。所以，如果你们的糖块不是刚好一块半大小的话，你……"

"有完没完，该你攻牌了。"茉莉不耐烦地催促着。

"本人要首攻♣K，"鹦鹉宣布了他的首攻后，又继续向侍者唠叨起来了。

"其实他们也可能打不成，"白鹅在摊牌的时候说道："这可真是把老本都押上了。上星期，就在杜维尔……"

"也许明年我们有空听你的故事，"茉莉严厉地截断了他："麻烦你挑个我们都不在场的时候讲。"

公猪咬紧牙关盘算着眼前的局势。甭管上星期杜维尔发生了什么，茉莉今天也没有一丁点儿可能打成她的6♠。为了拯救敌方一个根本打不成的定约，他将要付出的罚分达900①之巨，还可能会更多。而那头榆木疙瘩般的白鹅，不停地晃

①老式计分——编者。

动着长着厚蹼的爪子和被嗉子撑得鼓鼓囊囊的胸脯，满是一副自鸣得意的架势。杜维尔怎么就缺乏足够的吸引力让他一辈子都住在那里呢？

用♣A吃进第一墩后，公猪首先要试试红桃。就在他的♡6脱手之际，还在慌手忙脚地整理牌的珀西，用◇7将吃了。明手的♡5和花骡子的♡4完成了这墩牌。就在花骡子把这墩牌收拢起来的时候，一阵嗞嗞的声音从鹦鹉的后面飘出来，但马上又被抑制住了。鹦鹉身后，哈着腰站着的是鹭鸶，夹鼻眼镜闪出一道道寒光，他的喉结向前拱了一下，又是一下。

“等一下吧！”花骡子·茉莉警觉地喊了起来：“有点不对头吧？谁也别忙着出牌。你没有红桃了吗，同伴？”

“本人手里可是什么都不缺呀！”鹦鹉回答，他手里的牌马上就要整理完了。

“如果你还有红桃，就请你打出一张来吧，要不然就太迟了。”茉莉急吼吼地说。

“抱歉，恐怕我要打断一下了。”公猪用无比温和的语调插了进来。“但是，我想，在纠正这个藏牌之后，咱们应该按照正确的程序来进行。既然我们是如此幸运，著名的教授就在这里，也许能省去我们翻看规则的麻烦，他能用通俗易懂的语言把相关条款解释给大家听。我坚信，他早就把规则背得滚瓜烂熟了。”

没有人表示反对。

“怎么嗅到一点假惺惺的味道呢？”白鹅·加文意味深长地挤了挤眼睛。

及时的补救

如同在往日的法庭上，鹭鸶的手指轻抚着上装的标牌，字正腔圆地开始他的长篇大论了。

“◇7成为了一个重罚张，必须在第一个合法的机会打出。这墩牌一定要用一张领出的花色补上。非犯规方任何一手都可以不受惩罚地，替换藏牌被发现之前打出的牌张。规则第六十二条准确的文字是这样说的……"

"好了,教授,我想,该知道的大家都知道了,"公猪赶紧插了进来:"那么,珀西,把◇7摆在桌上,换上一张红桃吧。"

"本人有两张红桃呢,都暴露了,"鹦鹉大大方方地把♡2和♡3都亮了出来。"你喜欢哪张,大的还是小的?"公猪选择了♡2,♡6赢得了这墩牌。出牌权还在手上,公猪又打出了♡8给明手的♡A,再打出第三轮红桃,花骡子的♡K掉了出来,他用◇8将吃的同时铲起了那个罚张。然后,用◇A击落了K,明手的◇Q成为通往三张好红桃的桥,同时捕捉了茉莉最后一张将牌。

"这招使得,真是丝丝入扣呀!"一位旁观者评论道。

"我全明白。我当时就知道不对劲了,可是我没法及时阻止他。珀西,你真是个祸害,而且是个强装幽默的大号祸害。"花骡子对鹦鹉的弱点喷射出心底的怒火。

"我倒是觉得,茉莉,这回您那女性的直觉可把您害得不浅,"公猪乐滋滋地说:"你阻止他太快,而不是太慢了。假如你能耐心地等珀西出了下一张牌,这个藏牌就成立了。珀西本可以连打三个梅花赢墩,你自然可以将吃最后一墩梅花;你再出张红桃,让珀西用他现在孤零零的◇K将吃。这样,你们就拿到五墩牌了。把藏牌的两[①]墩减去你们还能得到500分;可现在,善良的我们收获了满贯奖分1000分,线下280分和侮辱定约的50分。直觉是美妙无比的天赋,可惜有时候代价实在太大了。"

"这么说,倒都是我的错了?"花骡子行将熄灭的怒火又被这阵狂风吹得爆燃了:"一个男人,连花色都分不清楚,还得让一位女士来承受责难!"

"唉,佳人难求噢。"白鹅脸上欣喜的微笑透着对自己奇言妙语的赞赏。白鹅·加文所生活的世界太完美了。

当天晚上,这副牌在鹰头狮身俱乐部的酒吧里得到了深入的讨论。兔子,这个狂热的占星术热爱者,做出了颇玄妙的解释。他坚称,在特定时间,个体

①在同一花色的第二次藏牌不受惩罚——编者。

之间的关系都是由代表他们的星球在星宿中的位置所注定了的。天王星的影响克了花骡子(摩羯座)。木星的光泽保护了白鹅(天秤座)。命里注定的,这两者之间有冲突时,白鹅是一定要占花骡子的上风了。

“这个趋势一直要延续到二十二日,”兔子说:“还有五天才能结束呢。”

木星当空

谁也没拿兔子那一套占星术的预言当回事,但我在两三天后还是被一副牌吓了一跳。我踏进牌室时,白鹅·加文正在信心十足地摊牌呢。

“不往虎窝里闯,那能捉得到虎崽子呀,”他满脸欣喜地说:“要是加倍他们的 4◇,肯定也够他们难受的,但是在这种局况下,我还是乐于为成局一搏。如果是玩百家乐……”

公猪用一句简短、冰冷的“谢谢,同伴。”把他的话头挡住了。

南北有局,

南发牌

♠Q 4
♡8 7 6 4
◇A Q J
♣A Q 5 3

♠K J 10 8 7 6 5 3
♡9 5
◇10 5
♣8

西	北	东	南
花骡子	白鹅	老爷子	公猪
			3♠
加倍	再加倍	4◇	不叫
不叫	4♠	全不叫	

花骡子打出♡K，♡A又出♡2，老爷子跟♡Q。公猪将吃第三轮后打了张将牌。茉莉扑上了将牌A，老爷子跟♠9，茉莉继续打♡J。希腊人垫掉了♣2。公猪将吃后调出了外面最后一张将牌，老爷子的♠2。

一条眉毛扬得高高的，公猪开始郁郁寡欢地抚摸自己厚重的下巴。老爷子为什么在将牌里要先跟♠9再跟♠2呢？如果他有三张将牌，大-小信号标志着他还有一张将牌，并有将吃的意愿。既然这不适用于本例，那么这个非常规的跟牌序列就该表示花色选择。花骡子·茉莉能看得明白吗？不大可能。况且，即使她看得懂，老爷子犯得着用这么大的身段来宣告，他对方块感兴趣吗？这信息对她又有什么作用呢？

公猪断定这个信号的设计仅可能对自己有益处。那么，老爷子为什么要告诉自己，他拿着◇K呢？为了让他以为他没拿着这张牌？这不合逻辑呀。

“想这么半天，完全不像灵光四射的你嘛！”花骡子打破了平静：“也许，你是在为长篇大论的结束语措辞呢？”

就在她调侃公猪的时候，他的面目表情突然放松了。得来全不费工夫吗，他找到答案了！

“实在对不住，茉莉，”公猪的语调很愉快：“你同伴给我出了个有水准的难题，但我想，答案找到了。”

公猪用◇A过到明手，再超吃♠Q回到暗手，一口气打光了所有的将牌。打出八张黑桃、两张红桃和一张方块后，手里只剩下两张牌了，明手保留的是♣AQ，暗手剩下的是◇10和♣8。

“措辞其实很简洁，”他神气十足地说：“看着，我要打张梅花给明手的♣A，而老爷子就得乖乖地把♣K跟出来。”牌随话到，老爷子的♣K现身了；整手牌是这样的：

♠Q 4
♡8 7 6 4
◇A Q J
♣A Q 5 3

West		East
♠A		♠9 2
♡A K J 2	N W E S	♡Q 10 3
◇9 7 4 2		◇K 8 6 3
♣J 9 6 4		♣K 10 7 2

♠K J 10 8 7 6 5 3
♡9 5
◇10 5
♣8

“我一开始的确没弄明白，”公猪解释着：“老爷子干吗要告诉我，他拿着或者没拿着◇K 呢？他的信号是个简单骗招还是骗中骗的把戏？沿着这个思路想下去，就注定要倒霉了——两张 K 都在他手里呢。对抗一位等级不如他的牌手，这手牌我大概要打宕了——因为一个不如他的的牌手根本就不会想到飞牌以外的打法，所以他根本用不着骗我。但老爷子意识到，如果我手里有◇10 或♣J，我就可以选择维也纳谱的打法。我得承认，狄密斯托克利是个聪明人，但也许略微有点聪明过人了。”

花骡子·茉莉可没心情听他耍嘴，蔑视地哼了一声，她要做总结发言了：“你才华横溢，就像你刚才绕了这么个大弯子表达出来的；老爷子是个聪明人；加文看起来也对自己特别满意，尽管我怎么也想不出他有什么可得意的。在这手牌里，我是唯一没有出彩的人。这是不是可以归咎于我不属于你们那个高等级的性别呀？”

茉莉谴责的目光四下里巡视着，最终定在了加文的脸上。

“你到底有什么可自命不凡、洋洋自得的？”她要发作了。

“世上佳人即便美若天仙，价值也难超越其自身。”白鹅嘻皮涎脸地回嘴了。

C

第三章 老爷子走背运的日子

丑陋的公猪环视的眼神里不含一丝善意。就要切牌定搭档了，可桌边这三位都是他避之唯恐不及的——希腊人、兔子和海象。他抽了张 K，当老爷子抽了张 4 的时候，公猪紧锁的眉头稍稍松弛了一秒钟。至少，他有了个令人满意的对手。现在对搭档的选择无异于在油锅里寻避难所或在火焰山上找生路；而且他有种预感，无论跟谁联手，肯定不如另一个。当悲哀的兔子抽出了一张 A 时，他鼻孔发出的隆隆哼声分明是在说："这不是明摆着的吗？"

"咱们要不要打……？"兔子兴致很浓地说。

"肯定不要，"公猪回答得很干脆："让所有的花招都休息吧。就用 2♣，不用黑木问叫，无将只限我一个人叫。防守时，你按顺时针方向，从左向右出牌。先出牌，然后再想，或者干脆就别想了。最要紧的是，一定要打得快。"

实话说，这都是常规的指示。公猪是个虔诚的速度崇拜者。如果大家打牌的速度能够提高百分之十，就能多打百分之十的牌而公猪的收入就可以相应地提高。再者说，他们为什么只能提高百分之十的速度呢？为什么不是三十或四十？公猪就能打这么快，不是吗？那么，他们也该努力做到这一点。

公猪对速度的战略观就是如此。从技术角度上讲，他没有要逼迫对手慌手忙脚的意图。他们想的时间越长越好。他把这称作"百分比哲学"。闭着眼抽出正确牌张的概率原本不过是十二比一，但到了残局，手里没剩几张牌时，这比例就被剧烈地改变了。

但是，对于悲哀的兔子，海象·沃尔特，甚至鹭鸶来说，给他们足够的时间思考，十次有九次他们有本事准确无误地打出对自己一边造成致命损害的牌来。谁都可以有寻死的想法，只要他们站在他的对立面，公猪就真诚、完全地尊重他们作为一个自由人，享有不可被剥夺的自杀的权利。同伴的情况就完全不同了。公猪深切地感到，一种强烈的的责任感要求他要保护这个孱弱、无助的小可怜，即便把他追得满山遍野地胡跑也没关系，千万不能让他设计出什么自伤、自毁的陷阱来。

老爷子发出了盘式牌局的第一副牌，他很快就打上了3NT定约了。

	北	
	♠A J 9 4 ♡5 4 ♢8 6 5 ♣K 7 4 3	
西 ♠8 7 6 ♡K Q J 10 9 ♢9 7 3 ♣6 5		东 ♠Q 10 5 ♡8 7 6 ♢Q 10 4 ♣J 10 9 8
	南 ♠K 3 2 ♡A 3 2 ♢A K J 2 ♣A Q 2	

西	北	东	南
公猪	海象	兔子	老爷子
			2NT
不叫	3NT	全不叫	

首攻：♡K

"八个最值钱的点子，"海象一面摊牌，一面宣告着。数大牌点是他牌技中的最强项，而且他也丝毫不准备隐藏自己的锋芒。

"那你或许就应该再付出点努力，" 老爷子责备他了："你认为叫个满贯需要多少点？"

“因人而异吧，有些人需要的多一点儿，”丑陋的公猪友善地咧了咧嘴，评论道。

希腊人没功夫搭理他。“傻瓜定约。索然无味。地球上最差劲的牌手，”说到这里，他倨傲的目光扫向了兔子：“也得费点劲才能打宕了。唉，不管怎么说，既然叫到这么个可怜的定约，就竭尽一切安全措施来完成它，当个练习来玩一玩吧。”

“根本宕不了。两飞一中，九个铁墩，”有人小声嘀咕着。“黑桃还是有利分布呢，”另一位也悄声说。

简单的不得了，老爷子把♡A忍让到第三轮才吃进，注意到了兔子的♡6、♡7和♡8。他心中暗自记下了，公猪有五张红桃。

已经八墩牌在手了，他要怎样确保第九墩呢？最明显的方式是试试梅花的分布。试梅花的打法连二十秒钟都没用了，因为老爷子信心满满，打得飞快。“玩得跟乒乓球似的。”企鹅·流浪者心里不大舒服，他认为，打桥牌应该有个严肃、一丝不苟的态度。老爷子在明手吃进了第三轮梅花，公猪垫掉了◇3。

“是这样啊，”老爷子自言自语的声音很洪亮，这完全是为了照顾到所有的观众。“我现在需要飞黑桃或者方块了。飞那门花色呢？红花色还是黑花色呢？凡夫俗子要费劲猜了。一个好牌手会猜得更准一些，但大师则不然，他根本不屑于任何猜测，无论是好的还是坏的猜测；一切红、黑花色的机会他要通吃，让自己享用额外的机会……”

在滔滔不绝的自言自语中，希腊人从明手拉起了♠4，给自己的♠K，以图看到♠Q或♠10掉下来。没有看到好风景，他转出◇A。同样，他指望着◇Q能够掉下来。

“……专家牌手是不会忽视任何微小信息的。”他还是念念有词的，没有片刻的停顿，再次转向了黑桃，把手中的♠2轻轻弹向明手。

完全沉浸于对老爷子口才的崇拜之中，悲哀的兔子已经准备好了他要出的牌，随着希腊人扑上明手的A，他也顺顺当当地跟出了♠Q。

“哈哈，”老爷子难以掩饰胜利者的喜悦：“你们看，额外的机会总出现的。世界上毕竟还是有正义存在的。这回我可用不着方块的飞牌了。专家打法的基本要素就是要规避所有的风险。”用◇K，他唯一的进手张回到暗手后，老爷子打出了他最后一张黑桃，充满信心地用明手的♠9飞过。兔子羞愧难当地垂下了眼皮，用♠10吃进了这墩牌。他刚才跟出♠Q是相当诚实的打法。他原本是准备好了要出的牌，以便跟得上老爷子的打牌速度，而且他一心以为老爷子是要用♠J飞过来的，因此把♠Q抽了出来。大家一般都是这么打的。“这些专家牌手们，打得飞快，还老是从一门花色转向另一门花色，”他事后解释说：“让人家都没法适应。所以我们才会出错牌。”

窘迫地微微颤抖着，冷汗珠子挂在额头上，兔子真希望能找个输张打回去。即使找不到输张，眼下能找到一张中性无害的牌也就谢天谢地了。但他手里拿的都是赢张，♣J和◇Q，防守方总共拿到了五墩。

“除了您之外，”老爷子又出丑了，公猪怎能放过嘲笑的机会呢：“我还真找不出谁能诚心实意、一丝不苟地把这副牌打宕了。”

“你有多少大牌点……”海象要发难了。但老爷子没心思听。他正专心致志地想，到底是哪个环节上出了问题。他采用了最高级别的安全打法，成功概率是最大的；他没有忽视任何因素也没有错过一丁点信息。当下一手牌发出来的时候，他完全把自己开脱了。他暗自认定，事实就是，有些牌根本就不是为专家设计的，而他，碰到的这类牌总比别人多一些。

公猪与命运硬碰硬

两边各自打成一局后，老爷子抱怨穿堂风吹得他不舒服，跟海象·沃尔特调换了座位。许多副小牌之后，公猪发完牌，看到自己拿了一手非常漂亮的牌。“赶上跟兔子搭档的时候拿这么好的牌纯粹是浪费。折磨人的命运呀。”他大声地自言自语着。东西的牌是这样的：

W	E
♠A K J 10 9 6	♠8
♡A K	♡Q J 10 9 2
◇A 4 3 2	◇K 6 5
♣8	♣K J 10 7

公猪	兔子
2♣	2♡
2♠	3♣
3♠	3NT
4◇	5◇
6♠	不叫

首攻：♡8

公猪理所当然地认为这牌叫起来一点都不困难。在最高的花色里拿着如此强大的长套，辅以他顽强的性格，由错误的一方主打这副牌的危险是不存在的。唯一的考虑就是，如果找到同伴在方块中的配合，就打满贯；否则，就满足于局定约。

老爷子首攻了♡8后，兔子战战兢兢地摊出牌来。公猪什么伤人的话都没说，也没有咆哮甚至哼哼。作为一个心理战经验颇为丰富的老手，希腊人立刻就意识到他这手牌肯定有什么麻烦了。

在明手的♡Q上，海象跟出了♡3，公猪用♡A吃进了这墩牌，希望造成他持单张♡A的假象。老爷子对此立即还以轻蔑的鬼脸。

此后短暂的停顿中，我试着研究了一下公猪惨淡的前景。首攻倒是还算中性，但其余的一切看来都不怎么乐观了。一墩梅花肯定要输，至少还要失去一墩方块，也许是两墩，损失一墩将牌的可能性也要大于百分之五十。我认为，打成这个悲惨定约的最好办法，就是连出♠A和♠K，希望把♠Q打下来。如果成功了，明手的红桃可以拿到剩余的牌墩。

我估计击落♠Q 的机会大约只有六分之一或七分之一。但还有什么好打法呢?定约人当然也可以兑现♡K,用◇K 渡到明手,用一张红桃垫去他的梅花输张,飞黑桃,再击落♠Q,希望方块是 3–3 分布。我想,这条路线的成功可能性太渺茫了,实在不值得认真考虑。连福星高照的兔子也不敢存这样的奢望,飞牌成功加上三门花色的 3–3 分布。

我刚刚把推测做到这一步,公猪就突然从剩余的十二张牌里打出了最不可能的一张——将牌 6。

"玩这套呀,"老爷子大叫着:"他以为是在幼儿园里玩牌呢!"他的♠Q 呼啸着、重重地砸在了♠6 上,就像甩了个响鞭似的。

整手牌是这样的:

♠Q 5 4
♡8 7
◇Q J 9
♣Q 6 5 4 3

♠A K J 10 9 6
♡A K
◇A 4 3 2
♣8

♠8
♡Q J 10 9 2
◇K 6 5
♣K J 10 7

♠7 3 2
♡6 5 4 3
◇10 8 7
♣A 9 2

显然,如果希腊人放过这墩牌,一切就结束了。可公猪这个打法背后的设计并不仅限于布置如此明显的小陷阱。他巧妙地把老爷子逼到了墙角,而老爷子也很清楚,此时此刻,定约的成败就要看他选择的下一张牌了。他应该打张梅花还是方块？命悬一线的关键时刻,这好像就是一个纯粹的猜测。

在叫往满贯的过程中,公猪叫过 4◇,他可是常常以这类抑制性扣叫来迷惑防守方的。老爷子狠狠地拽了一下◇Q,又抽出了一张梅花,再把它放回去,又拿出了一张方块。丑陋的公猪是个无法让人信任的家伙,连他叫过的花色也一样令人生疑。

促使老爷子做出最后决定的是,即便公猪两张低花 A 都拿在手里,出张方块也是无害的，而出张梅花或许能让他免于一个重要的猜测。他打出了◇Q。

公猪把牌摊开了。他开始清嗓子了。讥讽旁人与赢钱同样让人愉悦，但往老爷子的血淋淋的伤口里揉盐远胜于这两者。

“看呀，”他开口了，脸上的表情近乎宽厚、慈祥。“我可没耍什么花招，老爷子，而且我很乐意解释这一切是如何发生的。仅仅是聪明过人并不能取得这样的效果。还需要一些技巧，心理概率打法的技巧。直白地说：假如牌的分布不大可能让我们成功，就要把信心建立在人类难以避免的错误了。这是相当靠得住的，所有人都会犯错误的。自然了，有些人，比别人的错误要多一些。”公猪把他严酷的目光轮流在我们所有人脸上盯了一阵，又说下去了：“就连我，也有猜错的时候。好像就在去年……无论如何，有机会我再跟你们说说吧。请诸位记住的是，当命运给我的机会很小，比如说，百分之十五吧，我就给自己创造一个五十对五十的机会。”

随手拿起了我的杯子，他又说：“是的，即使同一个对手拿着将牌Q和♣A，他也没有十足的把握该出那张牌。从叫牌上看，我完全可能有个缺门。”

沉思中，丑陋的公猪咂了一口我的雪莉酒。“这不是我第一次与命运博弈了，大家也都看到了，又一次，命运女神夺得了亚军。请大家干杯吧：为最好的牌手取得优胜！”

老爷子节省的时间

公猪和兔子切牌下桌了。鹭鸶和巨嘴鸟加入了牌局。

“我简直就不该打这局牌，”海象说：“要是我错过了这班火车，就得在四面通风的火车站干等一个小时。在这种烦人的天气……这么多的细菌……如此多的双侧肺炎患者……”

我到另外一桌去打牌了。半小时后，我切牌下了桌，沃尔特这边的牌局还在继续呢。“这副牌必须是最后一副了，”他口中说着，焦急的目光看着墙上的挂钟。我坐到了希腊人的身边。

生物诡辩术的荣誉教授,我们口中的鹭鸶,发牌之后,第一个不叫。

♠J 4 3 2
♡Q 10 3 2
◇9 8
♣A Q J

♠A
♡A K 4
◇K Q J 10 7 6 5
♣10 2

西	北	东	南
鹭鸶	海象	巨嘴鸟	老爷子
不叫	不叫	不叫	2◇
不叫	3NT	不叫	6◇
全不叫			

首攻:♠K

老爷子立即用♠A吃住了♠K,注意到巨嘴鸟跟出的♠5,狡猾地打出将牌6给明手的◇9。吃到这墩后,又打出了第二轮将牌,巨嘴鸟·蒂姆西垫掉了♠6。荣誉教授这回扑上了将牌A,稍事思考,他回出了♣3。

希腊人以及其夸张的派头把自己手里的牌从桌子的最左边摊到了最右边。“可怜的海象这么着急走,我就帮他节省点时间吧。”他要宣告这副牌的结果了:“用个双紧逼的打法,剩下的牌墩就都是我的了。不消说,这是个非常基础的打法。哪位需要我来解释一下吗?”

“不……呃,就……不用了。请你,呃……没什么必要了。”巨嘴鸟赶快就投降了。人家声称,你最好就投降,免得听人家一大套解释,而他原本就听不懂。再说了,什么叫双紧逼?到底是让两个防守人都垫错牌,还是让一个防守人垫错两次牌?他心里一点把握都没有。

一道预示着危险的寒光射自他的夹鼻眼镜,两簇乱毛恶狠狠地从他耳朵后面树立起来，鹭鸶把头转向了希腊人。“架势摆的真漂亮，”他的嘶嘶声仿佛在传达善意：“但如果不那么麻烦的话，我倒想请你仔细解释一下怎样拿到十二墩牌——当然不能飞牌了。”

“幼稚简单到让人发笑了，”老爷子回答道，这质疑正搔到了他的痒处：“在四张牌的残局里，巨嘴鸟拿着他的♣K……”

“谁说过巨嘴鸟拿着♣K呢？”教授打断他的时候，嘶嘶声有点尖利了。

“你说的呀，”激动的老爷子碰翻了一杯加了苏打水的威士忌，“作为发牌人，你选择了不叫。那么，如果你拿着◇A和♠K、♠Q领头的五张黑桃，再有♣K，你就不能不开叫。”

“说说看，你又是怎么断定，”鹭鸶用冰冷的声音发问了：“我拿着五张黑桃呢？凭什么不能是四张，三张，或者……”

“再清楚不过了，”老爷子挥舞着胳膊回答道：“如果你的黑桃少于五张，你就该试着兑现♠Q而不是打出那张愚蠢的梅花了。你可以看到蒂姆西拿着三张黑桃。他的♠5，然后打出的♠6，说得明明白白的。因此你知道我没有黑桃了，而且，仅有拿着五张黑桃时你才能做出这个推断。玻璃一样透明，对吧？有智慧的人，是能从牌背上透视过去的。”

“求求你了，请你们快点吧。我要误了火车了。”心急如火的海象恳求着，可谁都没工夫听。

“在四张牌的残局中，”兴奋不已的老爷子根本就停不下来：“我亲爱的教授呀，完全没法照顾到红桃，因为你必须要死死抓紧你的♠Q……”

“那又怎么样，”鹭鸶表示同意。嘴唇里迸出的每个音符都带出了轻蔑。

“……我就可以扔掉明手的♠J，而压力就转到可怜的巨嘴鸟身上了。不得不保留♣K，他就没法——和你一样有心无力——保持四张红桃，而明手的♡2即将成为我的第十二墩牌。”

“但是我原本也没有四张红桃呀，”巨嘴鸟怯生生地抵抗着，“我只有三张。”

整手牌是这样的：

海象
♠J 4 3 2
♡Q 10 3 2
♢9 8
♣A Q J

鹭鸶
♠K Q 10 9 8
♡J 9 5
♢A 4 3
♣9 3

巨嘴鸟
♠7 6 5
♡8 7 6
♢2
♣K 8 7 6 5 4

老爷子
♠A
♡A K 4
♢K Q J 10 7 6 5
♣10 2

“你们难道是在说，”老爷子吃惊地问：“红桃原本就是3–3分的，你们一直都在耽误我的时间吗？”

“你的时间？”被激怒了的海象发出咆哮：“要去赶火车的是你，还是我？简直……”

来不及痛痛快快地把愤恨表达完全了，海象庞大的身躯迅速地向门口移动，他如雷的爆吼从楼梯间依然滚滚传进牌室。

半小时后，电话响了，刚刚和我们坐在一起的公猪接起了电话。

“沃尔特误了火车了，”他放下听筒后脸色阴沉地对我们说。“下一趟车他得等两个小时，他在寒风刺骨的火车站马上就要被冻死了。走得太匆忙，他的围巾和第二件背心，羊毛织的，灰色的，落在这里了。他迫切地需要这两件东西保命，坚持要求咱们中的某人立刻把它们送到车站去。”说到这里，他严苛的目光直勾勾地盯住了老爷子，用强硬、不容反驳的语气说：“根据你刚才的行为，狄密斯托克利，我提议由你来跑这趟差事。我这就帮你叫辆出租车来。”

第四章
兔子的大概率打法

“这家伙有些不择手段了。”我们经验丰富的旁观者，猫头鹰·奥斯卡摇着他的头说。

“总该有个人去给他打个招呼了，”企鹅·流浪者赞同地点着头：“他这套花招降低了俱乐部的水准。比不扎领带还要不得体。”

我们正在讨论黑猩猩·查理，他欠妥当的举止已经多次被控告到道德礼仪委员会了。

“可咱们也没法禁止他这种特原始的狡诈呀。”猫头鹰说。

“那完全要看他的狡诈有多么原始了。”企鹅寸步不让。

黑猩猩耍的花招让鹰头狮身俱乐部的许多人都厌恶地扬起了眉毛。就是在这副牌上，他的行为遭到大家同声的谴责。

♠8 2
♡10 6 3
◇A Q 10 8 6
♣A K Q

N W E S

♠7 4 3
♡A K Q
◇4
♣J 10 9 8 4 2

西	北	东	南
鹭鸶	兔子	老爷子	黑猩猩
不叫	1♢	不叫	2♣
不叫	3♣	不叫	3♡
不叫	5♣	全不叫	

我们称作鹭鸶的生物诡辩术荣誉教授坐在西家，首攻了♣3，东家的希腊人老爷子，垫了一张小红桃。

黑猩猩可以看到十个快速赢墩，如果首攻是别的任意一门花色，他都能让明手将吃一墩黑桃，获得第十一墩牌。可现在，防守方抢在他前面了。

为了给自己夺得一个机会，黑猩猩用♡Q 回手，显得像是个飞牌似的，对着明手的♠8 打出了♠3。也许这一墩会被老爷子得到，他是没有将牌可出的。

他没能如愿。鹭鸶明智地用♠Q 进手了，又回出了一张将牌。从明手打出的♠8 被老爷子的♠9 盖打，但教授用♠A 超吃过去，他还是坚持出梅花，消除了明手最后的将牌。

看起来一切都取决于方块的飞牌了，但是，还有另外的一个机会。

黑桃的出法是很有意思的。鹭鸶用♠A 和♠Q 吃进了前两墩黑桃，那么或许能够假定他没法用更小的牌吃进这两墩。如果拿着♠AKQ，他一定会首攻其中的一张来看看明手的牌，而不是将牌了。由此来看，老爷子大概拿着其余♠7 以上所有的黑桃大牌，假如他再拿着♢K，他就会无可避免地被最后一张将牌紧逼住。

用♡A 回手后，黑猩猩接连打出了他的赢张，三轮梅花和♡K。

已经垫去了一张红桃和两张小方块的老爷子，在后面打出的三轮将牌上垫掉了♠J、♠10 和另外两张小方块，♢7 和♢5。教授只需要垫两张牌，扔掉了♠6 和一张红桃。

两张牌的残局是：

防守方手里还剩下的是◇K、◇J、◇3 和♠K。但是谁拿着什么呢？没有什么手段能够断定是老爷子拿着◇K，这样可以把它击落；还是教授拿着它，这样就应当飞方块。

黑猩猩·查理就是在这种情况下使用了丢人的招数。出牌权明明在自己手里，他刻意地装出一副心不在焉的样子，慢吞吞地把手伸向了明手，当他的指尖几乎触到了◇A 的时候，黑猩猩小声地嘀咕了一句："整理一下牌。"

老爷子以不屑的眼光看着他。鹭鸶的喉咙里发出了恶狠狠的嘶嘶声。谁都没上他的当。

两个防守人都看透了黑猩猩的阴谋诡计。他的鬼心眼瞒不过任何人。历来不能容忍别人违规的教授，本应该阻止他从错误的一边出牌，除非他拿着◇K。而狡猾的老爷子，如果拿着单张◇K 就会什么都不说，但如果没拿着这张牌就会出面阻止他，让他从暗手出牌。与此同时，除了要从额外信息中获益，黑猩猩还采取了安全措施，假装说什么"整理牌"。

嘴角向上翘着，希腊人开始以居高临下的口吻调侃黑猩猩了："行了，找出来我们中谁拿着◇K 了吗？要不然就是我搞错了，我们俩人都拿着呢？"

黑猩猩烦躁地坐立不安了。他的心理招数没能奏效却让自己难堪了。两个家伙什么都没暴露，表现得好像两个人都拿着这张要命的◇K 似的。老爷子看着黑猩猩的一副狼狈相很是受用："既然你老是犹豫不定的，干吗不去请教一下你的同伴呢？猜测，咱们都得承认，是他牌技中的最强项了。来帮帮忙吧，我的兔子，告诉查理，我们谁拿着◇K 呢。”

兔子根本不理睬他的讽刺。

“我就按着概率打呗。”他简短地回答着。

“可这形势没法计算概率呀，”老爷子还不肯放过他：“机会完全是均等的。”

“哦，这可不能这么说，”兔子坚定地摇着头。“老爷子，你拿着这张牌的可能性是三比一。”

“太好了，”黑猩猩在倍受煎熬的窘境里总算找到一条出路：“就听你的了。”口中说着，他扑上了◇A，击落了老爷子的◇K。

全手牌如下：

	♠8 2 ♡10 6 3 ◇A Q 10 8 6 ♣A K Q	
♠A Q 6 ♡J 9 8 7 ◇J 3 ♣7 6 5 3	N W E S	♠K J 10 9 5 ♡5 4 2 ◇K 9 7 5 2 ♣—
	♠7 4 3 ♡A K Q ◇4 ♣J 10 9 8 4 2	

“你怎么有这么大把握说老爷子拿着◇K 呢？”牌局之后，在咂着马德拉酒的时候我向兔子发问了。

“这就是个概率问题，”兔子解释着：“在前一副牌里，查理打的是 3NT，◇K 就长在◇AQ 的前面了，飞牌成功了。那么现在你要飞牌连续成功两次，这概率……”

第五章 简单的算术

“当然了，”丑陋的公猪对大家说，他手里挥舞着洋蓟叶子以加强语气：“没有谁老能拿到好牌——只有兔子是个例外。但拿差牌的人可遍地都是，咱们在每张牌都被施以魔咒时都要走背运。而且，世界上只要有可能发生的最倒霉的事情无一例外地总能砸在咱们头上，这是谁说的，是斯宾诺莎(1632—1677，西方近代哲学史重要的理想主义者)还是叔本华(1788—1860，德国著名哲学家)？”

忧郁的公猪啃掉了秃光光的洋蓟。当他把酒杯转动如飞时，他的语调透出一丝苦涩——时间没有什么可以吸引他注意力的——他讲述了他与老爷子打的一副让他备受煎熬的牌。

打这副牌的时候，我就坐在老爷子，南家的后面。

♠6 5
♡A 9 8 7 6
♢K J 4
♣10 9 8

N W E S

♠K 4 3
♡K J
♢A 3 2
♣K Q J 7 6

叫牌是简单明了的：

西	北	东	南
			1♣
不叫	1♡	不叫	2NT
不叫	3NT	全不叫	

我们等待戴利西亚牛脊肉的时候，公猪讲述了这个悲惨事件的过程。

“我的搭档，一个平淡无奇的家伙，他肯定是有个什么名字，但我实在记不住了，首攻的是♠10。我扑上了♠A 再打出♠Q，然后……我先不说了，你们自己打打这副牌看。”

奶油、蘑菇和一片片香嫩的小牛肉就这样诱人地码放在我们面前的托盘中。浇上去的白兰地马上就要被点燃了，其醇香直袭公猪的鼻孔。一向把注意力集中于重要的事情上，公猪此刻谦和地对巨嘴鸟点了点头。他的意思是，“你向大家发言的机会来了。”

蒂姆西不安分地在椅子里挪来挪去的，重担可就落在他的一副溜肩膀上了。

“这样啊，”他决心要安安稳稳地打成这手牌：“我……呃……♠K 一定要忍让，这很自然，而且……”

“为什么？”丑陋的公猪恶狠狠地问。

“我是……要阻断防守方的连通。”巨嘴鸟胆怯地说，幸亏他及时想起了这个在书本上看到的专用术语。

“别把自己打扮得像只鹦鹉似的，”公猪蔑视地说：“不要人云亦云。自己动脑子想一想。如果黑桃是 4–4 分布，没有任何麻烦，你也用不着阻断什么。但如果是 5–3 分布，你的忍让就要起作用了。但你要问自己一个问题：谁拿着♠J 呢？自然是东家了，也就是说在我手里。而如果我拿的是♠AQJ——按你的说法，是阻断他们的连通的机会出现了。这张♠J 刚好能满足你的需要，就像是量身定做的一般。因此，定约人必须当机立断，吃住♠Q，在我的♠J 解封之前逼出♣A来。”

巨嘴鸟几乎一个字都没听懂，但他明白，自己一定是说错了，他的脸颊立刻通红通红的。在巨嘴鸟辗转不安的过程中，公猪腾出时间来解决了戴利西亚牛脊肉。又有一两杯酒下肚后，他再次开口了。

“做庄的老爷子，”他说：“你们要知道，如果不是那么聪明的话，原本有机会成为一个不错的牌手的。他用♠K吃了第二轮黑桃后就开始打梅花套了。先出♣Q，再出一张小给明手的♣10，都吃到了。现在怎么办？”公猪的眼睛巡视了一圈。

蒂姆西还深埋在羞愧之中，他的长鼻子呈朱红色，反衬在闪闪发光的黑色羊驼毛上装背景中，异常的显眼。刚刚加入到我们这桌的海象·沃尔特，也陷入了沉思中。他在纳闷，为什么别人拿的牌总比他的好很多呢？这不仅是因为人家的大牌点比他的多，而且人家的大牌点看起来总比他的更大，也更漂亮。“那我要问问看，”猫头鹰·奥斯卡提问了：“谁拿着♣A玩忍让呢？”

“不应该问谁，而要问为什么，”公猪回答道：“或者更准确地说，这种忍让会带给定约人什么信息呢？”

“也许是……”巨嘴鸟又要张嘴了。

“完全错了，”公猪的口气十分坚定：“我知道你是怎么想的，但是你彻底错了。难道你就看不出来，老爷子心里认定，如果他再打一轮梅花而我同伴打出♣A，我就有机会把♠J垫掉了。无论如何，他是不会放任黑桃套被解封的。”

公猪停顿下来，端起了空无一物的酒杯。观察到奥斯卡已经向斟酒侍者打招呼后，他又继续说了下去：

“任何微小的机会都比没机会要更好。及时察觉到了由♣A在前面设下的陷阱，老爷子大胆地采用了别的打法。他可以飞红桃，再飞方块，如果两个飞牌都成功了，他就可以放弃梅花套，仍然取到九墩牌。”

奥斯卡的喉咙中发出了咕咕声。巨嘴鸟扬起了一条眉毛。

“不用说，”公猪继续说着：“每张牌对他都是有利的。更要命的是，红桃是3-3

分布，所以他只要靠红桃套就能打成定约。与此同时呢，请你们注意，黑桃原本就是 4–4 分布的。这才是最刺痛我的。他竭尽了腾挪的本领，什么机会都没放过，要把定约打宕了。可这牌偏偏是宕不了。”

“恐怕你对老爷子有失公允吧？”奥斯卡表示了不同意见：“他又怎么能知道黑桃到底是 4–4 还是 5–3 分布的呢？”

“那咱们还得从头开始说，奥斯卡，”公猪回答的口气很是严厉：“老爷子是从我打出了♠AQ 中得出明显的推断的。他可以多看一步。那么，他就不应该知道，我具有多看三步的能力吗？不知谦卑为何物是他最大的缺点。如果知道我拿着的♠AQJ 可以帮他阻塞住这门花色，我会这么老老实实地把这个信息拱手送给他吗？”

“但如果你真拿着这样的结构又能怎么打呢？”奥斯卡问。

“我是不会让他看到♠Q 的，”公猪回答：“总不会在第二墩就让他知道的。♠A 吃进后，我不会出♠Q，而是♠J。这样，他就会把♠K 扣住一轮。我的同伴，也许会从♠Q109××中把♠10 攻出来，可绝对不会从♠J10×××中首攻♠10 的。”

整手牌如下：

♠6 5
♡A 9 8 7 6
◇K J 4
♣10 9 8

♠10 9 8 7
♡4 3 2
◇Q 10 6
♣A 3 2

♠A Q J 2
♡Q 10 5
◇9 8 7 5
♣5 4

N W E S

♠K 4 3
♡K J
◇A 3 2
♣K Q J 7 6

确定第二瓶拉图尔已经见底了，丑陋的公猪给出了他的结论：

“一个好牌手会试图阻塞黑桃。而一个非常好的牌手就应该知道，一个比他更好的牌手是不会给他这个机会的。他应该据此采取相应的打法。”

第六章
做错事的技巧

有一年多了，卡拉赔特·祝力克杨，那个自由的亚美尼亚人，一直在打复式桥牌。自称是内太空最不幸的牌手，脱离了盘式桥牌后有截然不同的感觉。不再是他老碰到恶劣的分布，而他的对手们总遇到良好的分布了。不再输钱了，他只是输掉一大堆比赛分。甚至连同伴看起来也不像别的牌室里那些搭档那么错误百出了。

当然，这种巨大的幸福感是无法持续下去的。首先，别的牌室里那些错误百出的牌手们出现了供应短缺的现象。而后是同伴逐渐变成稀有品种了。最终让他再也不能忍受的是，这些家伙不光统统拒绝听他遭受厄运的故事，掉过头来还要讲他们的所谓悲惨遭遇。这是逼迫卡拉赔特重返鹰头狮身俱乐部的信号。

一年多以前，我们俱乐部关门装修了一个多月，重新开张后大家并没发现有什么变化。卡拉赔特返回俱乐部的头一天就切牌跟海象·沃尔特联手来对抗丑陋的公猪和悲哀的兔子。

第一副牌，自由的亚美尼亚人就完成了一个红桃的成局定约。下一副牌，他又打成了2♠。我就坐在他的后面，欣赏着他以无可挑剔的技巧取到了八墩牌，而任何一个本事差点的人用这副牌即使取不到十墩也要拿到九墩牌。

有了一个局和线下的60分，卡拉赔特发牌后开叫了1NT。公猪争叫2♠，海象忘记了局况，叫出了3NT。把长长的睫毛垂下来，兔子犹犹豫豫地叫了4♠，被海象大吼了一声加倍。

♠Q 10 7 6 5
♡K 10 8
◇J 4 2
♣6 5

♠K 8
♡Q J 9 5
◇K 10 6 5
♣A 3 2

西	北	东	南
海象	兔子	卡拉赔特	公猪
		1NT	2♠
3NT	4♠	不叫	不叫
加倍	全不叫		

首攻是♡A。亚美尼亚人跟了♡9，海象再出♡2。用♡K赢进这墩牌后，丑陋的公猪从明手拉起了将牌Q。我感觉卡拉赔特好像有一丝不快。鄙视地眨了眨眼睛，他瞥了公猪一眼，似乎是在说："你拿我当谁了？"

不用说，如果像叫牌所表示的，公猪拿着♠AJ×××，他就会飞过去。如果他的将牌只有♠A××××，他最好的机会就是打西家拿着单张♠J，而如果这就是他的本意，他显然要让这张♠Q飞过去。无论哪种情况，卡拉赔特用K盖打都是没有便宜的。但是，假如公猪的将牌是♠J××××，盖打这张♠Q就要成为致命的错误了，他的♠K将要与同伴的单张♠A迎头相撞。在这种局势下出♠Q是个常见的骗招打法，一个会让新手们上当的小陷阱，他在怎么就敢拿卡拉赔特与他们相提并论呢。

明手的♠Q吃到了这墩牌，沃尔特跟出了♠9，公猪又从明手打出一张小梅花。卡拉赔特跟小，丑陋的公猪用暗手的♣K吃进了。又是一轮梅花，被海象的♣J赢到了，他继续出了一张红桃，公猪在暗手将吃了。

觉得这牌打得有些蹊跷,我绕着桌子走了一圈,看看其他人的牌。整手牌是这样的:

	♠Q 10 7 6 5 ♡K 10 8 ◇J 4 2 ♣6 5	
♠J 9 ♡A 4 3 2 ◇A 9 8 7 ♣Q J 4	N W E S	♠K 8 ♡Q J 9 5 ◇K 10 6 5 ♣A 3 2
	♠A 4 3 2 ♡7 6 ◇Q 3 ♣K 10 9 8 7	

公猪在明手将吃了一墩梅花,把♣Q 和♣A 都打下来了,又用将牌 A,他唯一的进张回手。看到自己的♠J 与同伴的♠K 在同一墩里跌落出来,海象·沃尔特气愤地发出一声怪叫。惨淡地微笑着,亚美尼亚人耸了耸他的窄肩膀。如果黑桃有十四张牌怎么办?这种恶劣的分布始终在睡梦中搅扰他。对祝力克杨家族来说,厄运早就失去恐怖效果了。

公猪把他的牌摊在桌上了。对他的受害者们微笑着,他仔细地解释了他的打牌路线,用梅花垫掉明手的两张方块,再让明手将吃一墩方块。

“加倍公猪的定约总是不上算的,”一位旁观者发出了睿智的评论:“这家伙的花招层出不穷。”

“怎么的?”受到伤害的海象吼叫了:“我们拿着 25 个点子,他们才 15 个,你看得出他就能从十三墩里面取到十墩牌吗?”

“可是,我的沃尔特,我的点子比你的要值钱呀,要紧的是质量吗。”公猪纵声大笑了。

“用这么惨的四张套你就在二阶上争叫呀?”卡拉赔特说,他甩向公猪的眼神里满是厌恶。

“你这样看吗?可我的长套用起来总比你的长呀。”公猪兴高采烈地回答着。

牌局后,在酒吧里,公猪进一步讲述了做错事的技巧。“两个错误叠加在一起并不总是正确的。”他漫不经心地说着：“但三个错误共同努力就能完成一个毫无希望的定约。比如说，我那个将牌处理方法原本算不上什么正确的打法，但只要以完全不合理的方式叫到一个根本不合理的定约，最佳效果就产生了。”

正确的就是错误的

“要注意啊，”公猪随意地拿起我的酒杯，一饮而尽：“事情都是有两面性的。两个正确被放到一起，往往就是错误的了。咱们就说说那副 3NT 吧……”

说的还是那个盘式牌局里的牌。从我所坐的位置上，看得到的是兔子和亚美尼亚人的牌。

♠A 10
♡7 6
◇K 9 8 4
♣K 7 5 4 3

♠8 6 5 3 2
♡J 10 3
◇6 5
♣Q 10 2

西	北	东	南
海象	兔子	卡拉赔特	公猪
			1◇
1♡	3◇	不叫	3NT
全不叫			

海象首先出的是♠Q，公猪用明手的♠A 吃进了。卡拉赔特跟出了♠3，这张处心积虑的牌可以被解释为鼓励的或是不鼓励的信号。公猪跟的是♠4，并从明手打出一张小梅花。

此刻，卡拉赔特该打哪张牌呢？这个问题让大家激烈地争论了好一阵子，酒吧间里三杯马德拉白葡萄酒下肚还是得不出答案。晚餐使争辩暂停了一阵子，但在第二瓶克鲁格喝到一半的时候，话题又被重新拾起了。大家一致同意出♣2 是没有意义的。一心不想让东家获得出牌权的庄家,在东家跟♣2时会放小,迫使西家赢进,并在防守方发展红桃赢墩之前先建立起他的梅花套。大家同样取得共识的是,定约人一定拿着♣A。如果没有这张♣A,他肯定会从手里用一张小梅花出向明手,而不是从明手出梅花。最后,还有一点是我们还在畅饮马德拉时就确定了的,同伴一定拿着♣J。如果有♣AJ的结构,定约人总归是要飞牌的,因此不能考虑他拿着这种结构。

因此,我们要集中研究的就是出♣Q,还是出♣10了。公猪认为♣10是正确的。卡拉赔特坚持说他当时打的♣Q才是正确的。

“这是符合概率的打法,”他解释道:“同伴有可能有单张♣J,而如果定约人猜对了,他就能把这墩牌让给西家吃进。”

“可是,”公猪提出了反对意见:“假设同伴拿的是♣J×,这可比拿单张的概率大多了,你的这个打法可就真把同伴害苦了。”

“根本不会,”亚美尼亚人坚信自己的打法:“如果同伴拿着♣J×,他可以把♣J垫在我的♣Q底下,简单的解封打法嘛。”

“你还真敢指望海象会解封?”公猪的质疑可不是没根据的。

大家公认的老资格旁观者,猫头鹰·奥斯卡为大家点了香槟酒,现在要加入我们的讨论了。打这副牌时他并没有在场,但他倾向于公猪的看法。

“把防守建立在同伴拿单张♣J,”他对卡拉赔特说,“实在是赌得太厉害了。桌上实际情况到底是怎样的?”

“海象·沃尔特先生,事实上,的确就是拿着单张♣J。”自由的亚美尼亚人充满胜利喜悦地说。

“哈哈,事实嘛,总是胜于……”有人要插话了,但他的后半句被一声响亮、充斥着轻蔑的喷鼻声截断了。

“你,讲给他们听!”丑陋的公猪口气里透着专横,一只粉红色、短粗、肥壮的手指指向了我。

这副牌的全貌是：

	♠A 10 ♡7 6 ♢K 9 8 4 ♣K 7 5 4 3	
♠Q J 9 7 ♡A Q 9 8 2 ♢J 7 3 ♣J	N W E S	♠8 6 5 3 2 ♡J 10 3 ♢6 5 ♣Q 10 2
	♠K 4 ♡K 5 4 ♢A Q 10 2 ♣A 9 8 6	

当卡拉赔特看到沃尔特的♣J如他所愿被♣Q打下来了，一脸的忧郁立刻被春风吹散了。几秒钟之后，他稳稳当当地用♣10进了手，飞快地把♡J打出来，攻击公猪的软肋。公猪盖上了♡K，这墩牌输给了♡A后，他只能坐在那里发呆，长时间痛苦地等待着。

海象·沃尔特呼哧呼哧地喘着粗气，艰难地思考着。谁拿着♡10呢？如果出♡Q，能把♡10打下来吗？或者他应该让同伴进手，从他那边再攻击一次红桃？第一墩时没有见到的♠2又开始在他的脑子里打转了。同伴是不是在发大-小信号？充满狐疑的眼前又浮现了♣Q，一张毫无必要的大牌。这两者组合起来传达

着明确无误的信息。同伴希望他出最高级别的花色。就像毕加索处于他的蓝色时期一样,海象此时就在麦克肯尼信号的漩涡里转过来、转过去的。跌入遐想的他回出了一张黑桃,而丑陋的公猪把定约混走了。

“大家看看吧,”我刚给奥斯卡讲完这个故事,公猪就发出他的嘲笑了:“即便♣J 真的是单张,而♣Q 是正确的牌张,打这张牌还是错误的。可是,你们再想想看,假如原本打♣Q 就是错误的,那不会是更糟糕了吗?哈哈!”

盲人骑瞎马

巨嘴鸟·蒂姆西替换海象上桌了,他切牌和悲哀的兔子作搭档。这两位愉快地对视了一下,他们太相像了。都喜欢输,都喜欢在友好的气氛中玩牌,特别是不被凌辱且免受漫骂。

“盲人总算骑上瞎马了。”公猪低声地嘀咕着。清了清喉咙,他开始吩咐自己的同伴了:“打起精神来,卡拉赔特。世界不像你想的那么黑暗。对手们也是很不幸的,你要知道。所以,保持微笑,乐观地叫牌——换句话说,让我来主打就万事大吉了。”

第一副牌,亚美尼亚人叫了 1◇并打成了这个定约,下面的是第二副牌:

北:
♠A Q 6 2
♡8 7
◇7 5 3 2
♣J 5 4

西:
♠7 5 4 3
♡A 9
◇8 2
♣Q 10 7 6 3

西	北	东	南
兔子	公猪	巨嘴鸟	卡拉赔特
			1♡
不叫	1♠	2◇	3♡
全不叫			

卡拉赔特轻松地在叫牌中占了上风。公猪嘟囔着“这家伙什么牌都要抢过去打，”鼻子里喷出烦躁的怨气。

兔子首攻的是◇8。巨嘴鸟打出了◇K，又出◇A，卡拉赔特的◇Q掉了下来，巨嘴鸟继续出◇J。亚美尼亚人用♡K将吃了，兔子垫了一张小梅花。定约人从暗手打出了♠J，兔子想起了从海象那里学来的出法，跟了♠7表示四张。黑桃的飞牌输给了巨嘴鸟的♠K，他再回出一张方块，定约人用♡Q将吃了。把♠8打给明手的A，卡拉赔特兑现了♠Q，垫掉了自己手里的♣2，然后出张将牌给自己的♡J。

就在此刻，原本一直四平八稳地打牌的悲哀的兔子，突然进入了一种狂乱的紧张状态。他浑身颤抖，鼻孔大幅度地抽搐，他纤细的长手指哆嗦到难以控制，喉咙深处传出了苦恼的哀鸣。原来，就在兔子抽出♡9时，他发现了一张此前一直没有看到的牌。他简直没法相信自己的眼睛。新出现的牌正是将牌A。整手牌的全貌如下：

	♠A Q 6 2 ♡8 7 ◇7 5 3 2 ♣J 5 4	
♠7 5 4 3 ♡A 9 ◇8 2 ♣Q 10 7 6 3	N W E S	♠K 10 9 ♡6 5 4 ◇A K J 10 9 ♣9 8
	♠J 8 ♡K Q J 10 3 2 ◇Q 6 ♣A K 2	

兔子手忙脚乱地把♡9放了回去，用♡A赢进了这墩牌。接下来，他又遇到了麻烦。他刚刚发现，为了表示他拿着四张黑桃，他垫掉了一张非常有价值的牌。由于他浪费掉了♠7，现在明手的♠6被打大了。他把牌扣在桌上，闭上了眼睛，准备大规模地动动脑子了。但是公猪已经明显地表示不耐烦了，他只得放弃了精细的大牌点计算工作，迫不得已地认定，他反正是不能从带♣Q的结构下出一张小梅花，尽管卡拉赔特已经垫过一次梅花了。万分痛苦中兔子用自己那张小黑桃脱手

了,只得寄希望于什么地方还有一张大点的黑桃,自己没有计算到。

	♠6 ♡7 ◇— ♣J 5 4	
♠4 ♡9 ◇— ♣Q 10 3		♠— ♡6 5 ◇9 ♣9 8
	♠— ♡10 3 2 ◇— ♣A K	

巨嘴鸟·蒂姆西本来是不可能把将牌浪费在同伴的一个黑桃赢张上的,现在只得将吃了,逼出了卡拉赔特的将牌10。兔子居然用自己的将牌9,为自己一方赢得了至关重要的第五墩牌,真是让他吃惊不小。

“这是个非自愿将牌升级的好例子。”猫头鹰·奥斯卡评论道。

“你干嘛不从自己手里直接调将牌,非要打那张傻头傻脑的黑桃?”公猪发出了责问。

“这是基础的安全打法呀,”自由的亚美尼亚人辩解着:“我必须要从明手出将牌才能防备♡A×在我的右边,♡9×在我的左边。梅花和黑桃里各有一个输张,两墩方块已经被人家取了,我当然不能再输两墩将牌了。如果黑桃飞牌能飞中……”

以一副完全绝望的姿态,公猪把他杯中的白兰地一饮而尽。“跟你说吧,”愤恨不已的公猪说:“我明白你为什么总走背运了,卡拉赔特。你知道的太多了。人们常说,学识不够,相当危险。学识太多,可就要了命了。”

第七章 不对等的战斗

切牌的结果一出来,由老爷子跟丑陋的公猪搭档,对手是悲哀的兔子和巨嘴鸟·蒂姆西,一大群看牌的就聚集了起来,赌注下得非常踊跃。俱乐部里最好的两个牌手要和全欧洲最差劲的两位开仗了。“这两个家伙非把兔子的皮都扒下来不可。”有人小声嘀咕着。

“希腊人总有办法把他自己骗了,我看他也能让公猪上当。”柯基犬·考林也发表意见了。他在兔子的身上下了不小的赌注,总要保持乐观的态度。

这局牌还没有正式开始,俱乐部的领班鸟鸫先生就通知大家,龙虾蛋奶酥已经上桌了,放的时间长了味道可就不大好了。我们先把牌局放在一边,去吃晚餐的时候,我听到兔子正在给哆里哆嗦的巨嘴鸟打气。

“镇定一点,蒂姆西,”他说:“只要把精力集中在抓好牌上就行了。读过我给你的那本最新的约定叫了?那太好了。这样,咱们把新武器都试一试。兰迪、阿斯特罗、利普斯特拉、盖博、反义加倍……”

“用黑木吗?”巨嘴鸟兴致盎然地问。

“那当然了,”兔子的口气非常肯定:“还有罗马黑木和弗林特、费舍尔、菲施本、旧金山问叫,德克萨斯……”

“可我还没看到十四划的章节呢，”巨嘴鸟赶紧提出了异议，但恰巧有人开了一瓶香槟，瓶塞喷出时的声音掩盖了他的话。晚餐后第一副牌，双方都是无局方，我坐在老爷子的后面看到他拿着这样一手牌：

♠K J 9 5 ♡Q 8 6 ◇10 7 6 ♣A J 9

老爷子是发牌人，他先不叫，巨嘴鸟也不叫。公猪开叫了 1♠，兔子争叫了 1NT，老爷子立刻就叫了加倍。巨嘴鸟叫了 2♠，公猪不叫之后，兔子又叫出了 2NT。希腊人欣喜若狂地再次叫了加倍。巨嘴鸟摒住呼吸，在椅子里不安地左右移动着，叫了 3♠。公猪不叫，兔子的鼻孔抽搐着，大粒的汗珠从额头上滚滚而下，叫出了 3NT。老爷子叫了第三次加倍，并在首攻之前，要求复述一下叫牌进程。整个叫牌进程是这样的：

西	北	东	南
老爷子	巨嘴鸟	公猪	兔子
不叫	不叫	1♠	1NT
加倍	2♠	不叫	2NT
加倍	3♠	不叫	3NT
加倍	全不叫		

老爷子心里完全清楚，公猪是在第三家位置做了个彻头彻尾的诈叫，他所叫的黑桃套十分值得怀疑，或者根本就不存在。毕竟，一副牌里面只有十三张黑桃，大牌点也不可能超过 40 个。为了不冒任何风险，希腊人选择了◇10 作为最安全的首攻。

明手的牌一摊出来，老爷子的眉毛就扬起来了：

♠4 3 2
♡A 4 3 2
◇J 2
♣5 4 3 2

♠K J 9 5
♡Q 8 6
◇10 7 6
♣A J 9

“你叫的黑桃是什么意思？”他气哼哼地问巨嘴鸟。

“你看，我可受不了打无将定约，是不是？”巨嘴鸟也是一脑门子火：“不这么叫，我怎么能够让兔子叫出个套来？”

“可我也一直是指望着你能叫出个套来呀，”兔子傻笑着说。他用◇J盖打了◇10，公猪出◇Q，兔子用◇K吃进了。跟下来又连打了五轮方块。公猪依次垫掉了♠6、♠7、♠8和♡5。老爷子垫去了两张黑桃和♣9。

总算躲过大灾难了。悲哀的兔子可以看到八墩牌了，他只要比平日的表现好一点，再多取一墩牌就能打成这个3NT定约了。长长地舒了一口气，他打出了♡K。技巧娴熟的老爷子为了避免被投入的危险，扔掉了他的♡Q——同时也把这个定约拱手奉送了，整手牌如下：

West	North	East
	♠4 3 2 ♡A 4 3 2 ◇J 2 ♣5 4 3 2	
♠K J 9 5 ♡Q 8 6 ◇10 7 6 ♣A J 9	N W E S	♠A Q 10 8 7 6 ♡J 7 5 ◇Q 4 ♣Q 10
	♠— ♡K 10 9 ◇A K 9 8 5 3 ♣K 8 7 6	

公猪的♡J被♡A打下来了，兔子的♡9为他带来了至关重要的第九墩。兴奋得有些不知所措的兔子抓起手边的一个酒杯，一饮而尽。这杯子是公猪的。幸运的是，希腊人的防守已经把公猪气得十几秒钟之内只能干瞪着眼睛，却什么都说不出来。

“你那个滑稽的无将争叫是怎么回事？”老爷子呲牙咧嘴向兔子发问了。

“这还看不出来吗，我们打的是不寻常无将呀，”兔子回答：“我的意思就是，如果我真的拿着无将类型的牌，我根本就不能叫无将，对不对。道理很清楚的。”

“但这个叫牌进程根本不是不寻常无将呀，”一位把赌注压在了明星牌手身上的旁观者插嘴了。

“不管在哪个进程中,我叫出来的无将都是不寻常的嘛。”兔子趾高气昂地把他顶了回去。

“但愿老爷子没有这么聪明。”猫头鹰长叹了一口气。

“那他还了得,该没人敢跟他打牌了。”柯基犬赶紧跟上一句。

“存心捣蛋,卖国贼,自虐狂,这家伙就是不肯攻我叫的花色!”丑陋的公猪总算把怒火喷出来了。

“在另外一张桌子上吗,” 柯基犬·考林评论道:“他们也会打成 3NT 的。攻什么都打不宕——当然了,主打人要坐在东-西方向。哈哈!”

双张套的阻击

桌上的气氛始终这么紧张,此后两边又各自打成了一个小定约。这手牌出现时,公猪和老爷子一边在线下有 30 分。为了描述的方便,我把定约人调整到了南家。

西	北	东
	♠J 10 7 6 ♡A 6 5 4 3 ◇6 4 ♣5 4	
♠A Q 5 2 ♡K Q J 10 ◇J 10 8 ♣J 9	N W E S	♠K 4 3 ♡8 7 ◇9 7 5 3 ♣K Q 10 7
	♠9 8 ♡9 2 ◇A K Q 2 ♣A 8 6 3 2	

西	北	东	南
兔子	老爷子	巨嘴鸟	公猪
			1NT
不叫	2♣	不叫	2♠
2NT	不叫	3♣	加倍
不叫	3♠	不叫	不叫
加倍	全不叫		

巨嘴鸟正在努力同时掌握多得数不过来的约定叫，询问老爷子的2♣是不是小高花类型的。公猪让他放宽心，这就是普通的斯台曼；而老爷子也向他讲解了公猪的回答表示的是四张黑桃。“也有可能是五张，”他又添上一句：“近来开叫1NT带有五张弱高花套也是挺流行的。”

公猪赞许地点了点头。他一心准备要把架势拉得像个有五张将牌的人。

兔子的♡K吃到了第一墩，巨嘴鸟打出了鼓励的♡8，公猪跟的是♡9。兔子接着出♡Q，正义女神的脚下绊了一下，几乎跌倒；她托着的公正的天平眼看就要掉到地下了。丑陋的公猪扑上明手的♡A，在自己的手里将吃了一墩红桃，兑现了三墩大方块，垫去了明手的一张梅花，然后打出了♣A。这已经是六墩牌了。在明手将吃一墩梅花，暗手再将吃一墩红桃就取到八墩牌了。再以一张梅花对着明手一打出，定约就肯定能打成了。无论兔子是否大将吃，明手总能再取得一墩将牌。

“一个简单的反做明手，”公猪大大咧咧地说，同时对老爷子友好地瞥了一眼。

“也许，在最后一张红桃上，我应当再扔掉一张梅花而不是我的第四张方块？”巨嘴鸟探头探脑地问。

“你扔掉什么都无所谓，”丑陋的公猪满怀自信地回答他：“假如你扔掉的是最后一张梅花，我可以出一张方块。”

“你怎么就敢拿两张黑桃冒充四张黑桃叫牌？”希腊人眯起了眼睛发问。

“我必须得找到个能够关门的叫品，”公猪解释着，随后又扭过头，大声地对奥斯卡说：“谁也不乐意拿个双张套搞什么阻击，但我总不能眼巴巴地看着他又在红桃或是什么别的定约里毁掉一手牌吧，是不是？除此之外，我们还能打什么定约进局呢？”

“在另外一桌上，”柯基犬赶忙插了进来：“他们也凑成了一局——另一个方向打成了2NT。”

“笑得到最后，才是笑得最痛快的呢。”老爷子轻声说着，拿起了下一手牌。

第一墩之前的投入

♠A K Q J
♡J 10 9 8 7
◇6 2
♣4 2

♠10
♡A K Q
◇A Q 8 7 5
♣A Q 5 3

西	北	东	南
巨嘴鸟	公猪	兔子	老爷子
			2◇
不叫	2♡	不叫	3♣
不叫	3♠	不叫	3NT
不叫	4NT	不叫	6NT
加倍	不叫	不叫	再加倍
全不叫			

猫头鹰·奥斯卡以毫不掩饰的厌恶的表情关注着这个叫牌进程。他后来对老爷子说:“你肯定应该在某个时刻支持同伴的红桃。“

“让他主打这副牌?”老爷子实在没法信任自己的耳朵了。

“就算你有这种考虑,” 奥斯卡还要跟他争辩:“你也应该显示自己的梅花套。公猪或许刚好就拿着适合打梅花定约的牌呢。”

“那他也不会表示梅花的配合,”希腊人反驳了他:“如果给他机会,他就会先叫无将了。我一定要多想一步。这就叫对前景的预期,懂了吧?”

一个像巨嘴鸟这样恭顺、谦卑的家伙,居然敢加倍比他强大得多的对手自由自在地叫到的满贯,着实让旁观者们都惊呆了。为展示对自己同伴的轻视,公猪审慎地没有叫再加倍，而老爷子则不得不亲自完成这个没人愿意干的任务了。

晕眩中的巨嘴鸟很长一段时间后才明白首攻要由他来进行，但最后，他选择了♠8。

对于别的牌手来说，这个首攻可是有点麻烦的。老爷子却打得行云流水一般。他接连打掉明手的四张大黑桃，垫去了自己手里的♡A、♡K 和♡Q。然后又连出明手的红桃，小心地观察着垫牌。两个防守人都跟出了所有的黑桃，但是，没有红桃的巨嘴鸟，在打红桃时垫了四张梅花和一张方块。老爷子手里最后的四张牌是♢AQ 和♣AQ。

“我得说，你加倍我这个定约太轻率了，”老爷子对巨嘴鸟用冰冷、严厉的口吻教训着，而后者随着一墩、一墩的打牌过程已经加快了抖动的频率，老爷子继续说：“太鲁莽了，我的朋友。要是没有你的帮忙，我本来是要打一个飞牌的。但是，既然你加倍了，就等于宣称了你拿着两门低花的 K×，我的飞牌是肯定飞不到的，你吃进后可以回出同一门花色，我只能向你的另一张 K 交出一墩牌了。你莽撞的加倍后，情况就完全不同了，这个粗心大意的加倍让你露馅了。没错，你首攻第一张牌之前就把自己给投入了。”

公猪的每一个汗毛孔里蒸腾出来的都是仇恨，可老爷子摆出一副完全不在乎的架势，从明手拉起一张方块，继续唱着他的独角戏：“看好了，我们的朋友兔子，跟出来的是♢9。非常好，我扑上我的♢A，继续出♢Q 让蒂姆西用他的♢K 吃进。然后静候他把一张梅花出向我的间张。大家把眼睛睁大了，看！来吧！”

在♢Q 上，巨嘴鸟掉出了♢J。兔子用他的♢K 吃进这墩牌，又用♢10 吃了一墩。

“没方块了，同伴？”他问。

“还问个什么劲呢？”柯基犬插上话了：“第十二墩了，没有藏牌了。你们俩谁都没法藏牌了。哈哈！”

看看这手牌的全貌吧：

♠A K Q J
♡J 10 9 8 7
◇6 2
♣4 2

西 (W)		东 (E)
♠8 7 6 5		♠9 4 3 2
♡—	N W E S	♡6 5 4 3 2
◇J 4 3		◇K 10 9
♣J 10 9 8 7 6		♣K

♠10
♡A K Q
◇A Q 8 7 5
♣A Q 5 3

牌室里死一般的寂静,只有公猪咯吱咯吱地咬着牙。

“你凭什么叫的加倍呢,蒂姆西?”猫头鹰·奥斯卡问他。

“这个……呃,是那个什么……莱特纳尔加倍,”巨嘴鸟回答的声音连他自己都快听不到了。“我刚刚读过这个约定。你瞧呀,我没有红桃……”

“可首攻人是你自己呀!”一个旁观者听不下去了。

“再说了,打无将定约,你还真想让同伴攻你的缺门呀?”另一位也忍不住了。

“别这样,谁也不能什么都记得住,”悲哀的兔子要保护同伴,跳出来替他申辩:“或许,我们一下子用了太多的约定叫……”

“在另一桌上……”柯基犬·考林又要宣布虚幻的另一桌结果了。

“你干吗不一屁股坐到另一桌去!”老爷子与公猪同声喝道。这个晚上,他们二位总算是头一次想到一起去了。

第八章
祝好人常胜

丑陋的公猪兴高采烈地哼着小曲走进了酒吧，扬手打出了个要马德拉酒的手势。牌桌以外，一切动静对于公猪来说是毫无区别的噪音，因此我们谁都没法确定他是在唱《马赛曲》还是《哈莱克的汉子》，但这一定是有什么让公猪振奋的事，因为他脸上的每条皱纹都被微笑填平了。

"公猪看起来异常的幸福呀，"柯基犬·考林说："大概是有人把腿摔断了。"

"这家伙肯定是赢了一场大牌。"猫头鹰·奥斯卡颇有把握地推测着："今天下午，酒神狂徒队与老爷子的俱乐部，飞龙一族举办了年度比赛。我听说赌注挺大的。"

公猪向新来的酒吧侍者示意，把酒瓶给他留在桌上，"我这个人其实不特别迷信，"他吩咐道："但是把一个还有内容的酒瓶拿走会招来背运的。"

"谁赢了呀？"猫头鹰问他。

"差距是3450分，"公猪答道："我着着实实地给老爷子上了一课，真让我痛快了。赢钱嘛，你们都了解我，纯粹是顺带的；主要的是，我揭露了这个伪君子，谁都清楚，老爷子一见到我赢钱就妒火中烧，可他居然虚头巴脑地说什么'祝好人常胜'，太虚假了。"

“我们是不是可以这样理解，公猪，你今天打得比平日更出色了？”柯基犬问他。他有些嗔怒，因为他不是会员，公猪竟然没有邀请他去为酒神狂徒队效力。

“没有，没有。我用不着打这么好。”公猪回答时，眯起了眼睛，他对柯基犬的微笑丝毫不含友善。他口袋里摸来摸去地想找张纸，最后只掏出了一封什么人请他代为邮寄的信。在信封的背面划拉了一阵子，他向大家展示了这手牌：

双方有局，

东发牌

♠A 7 6 5 4
♡A K
◇A K
♣K 6 5 4

♠2
♡5 4 3 2
◇Q J 9 8 7 6 3
♣10

西	北	东	南
巨嘴鸟	飞龙	公猪	老爷子
		4♠	不叫
不叫	加倍	不叫	5◇
全不叫			

“西家首攻♠8。你们坐着老爷子的位置上，南家，准备怎么打？”

大家都闭着嘴，谁也不说话。兔子忍不住要试试：“你看啊，有现成的十墩牌，七墩将牌，♠A 和♡AK，因此你只需要再多拿一墩，让明手将吃一次红桃就可以了。”

“可你怎么回手打第三轮红桃呢？”公猪问他。

“先把两张大红桃打掉，我就出一张梅花，”兔子回答：“这以后，不管他们怎么打，我再将吃一次梅花就回到暗手了。”

公猪摇了摇他那硕大的脑袋。"当你出那张梅花时，东家就吃进这墩，出一张黑桃，你只能用大将吃，否则就会遭遇超将吃，叫牌过程很清楚，西家不可能有第二张黑桃了。因此，不容置疑的是，你要用◇Q 或◇J 将吃，而你定约的成功就要依仗将牌的 2–2 分布了；不然的话，你要丢一墩红桃、一墩梅花和一墩将牌。这么打可不行，老爷子比你打得好一些。"

若有所思的公猪不经意中把企鹅的杯子端起来，一饮而尽——企鹅喝的也是马德拉酒——他又继续说下去了。

"老爷子要防备 4–0 的将牌分布，这可不是什么太离谱的，他准备把输张限制在一墩将牌和一墩梅花之内。"

"他先打掉♡AK，大家都跟出了，他用◇Q 将吃一墩黑桃，用明手的◇A 将吃一墩红桃，又用◇J 将吃一墩黑桃。现在，他打出手里最后一张红桃，用明手的◇K 将吃，残局是：

♠7 6
♡—
◇—
♣K 6 5 4

♠—
♡—
◇9 8 7 6 3
♣10

"这回我看明白了，"兔子说："送一墩牌给将牌 10，老爷子就能调光所有的将牌，即便有谁拿着四张也没关系，他只要再丢一墩梅花就行了。"

猫头鹰飞快地眨着眼睛，企鹅扇动着他的短鳍以示赞同。

"那么，就请你出下一张牌，好吗？"公猪盯着他。

"就出张梅花呀。"兔子不假思索地给出了答案。

"准确地说，出♣K，"企鹅跟着给出了详尽的解释，"咱们总不能让两个防守人自行决定由谁吃进这墩牌。我们当然是希望由西家拿着♣A 了。如愿的话，我们就可以用◇3将吃下一墩牌，然后就摊牌了，只输一墩将牌。”

“说得不错——但仅仅是理论上的，”公猪开口了，“假如有足够的理由认为西家拿着♣A，出♣K就是正确的，可是东家用没有A的六张黑桃套开叫了4♠，他就注定要拿着♣A了。那么，定约人最好的机会，一定是要从明手出张小梅花，希望东家不扑♣A，让西家拿到这墩牌。整手牌是这样的：

	♠A 7 6 5 4 ♡A K ◇A K ♣K 6 5 4	
♠8 ♡Q 10 8 7 6 ◇10 5 4 2 ♣Q J 8		♠K Q J 10 9 3 ♡J 9 ◇— ♣A 9 7 3 2
	♠2 ♡5 4 3 2 ◇Q J 9 8 7 6 3 ♣10	

“老爷子从明手打出了♣5，好像是随手的，几乎是漫不经心的，可我还得说，他实在太不幸了。东家刻不容缓地扑上了♣A，跟着就是一张黑桃甩到了桌上。不消说，”说到这里，公猪面带羞涩地垂下了自己的眼睛，“坐在东家的正是你们谦卑的朋友。定约人已经显露了一张黑桃和四张红桃。如果他还有多于的一张梅花，他的将牌就不能超过六张了。那么定约怎么都打不成，因为西家又有一张额外的将牌了——他还有五张，而定约人只有四张了。我唯一的希望就是抓住这墩梅花，然后……”

“打出一张黑桃，给同伴提升一墩将牌，”柯基犬把话头抢了过去：“这大家都清楚了。也就是说，你把这个定约击败了，而毫无疑问的是，另一桌把这个定约打成了。”

“恰恰相反，”公猪反驳了他：“你完全说错了。没错，我是把定约击败了，但我的同伴，他连名字都不配有，马上又帮人家打成了。我正确地扑上了♣A，回出了一张黑桃。老爷子用◇9将吃，而那只令人作呕的巨嘴鸟，你们都没法相信，居然超将吃了。真是蠢到家了。他竟然不会扔掉一张梅花，静等着两墩牌落入他的袋中。这废物！”继续讲述他悲惨的故事之前，公猪一脸愁苦，咆哮着，把厌恶的眼光投向了柯基犬。

“在另外一桌上，东家也开叫了 4♠，两家不叫之后，北家也加倍了，而南家把这个加倍放过了，并且做了明显的首攻，他的单张梅花。北家用 K 盖打了明手的 Q，这个没法打成的定约就被人家混走了。看看吧，飞龙一族就这样在两边同时打成了一局，他们这开局也太漂亮了。”

西家–南家一较高低

丑陋的公猪还想从口袋里再找出一张纸来。没找到，他扭转身子对一位颇有些年纪的老会员求助了。那位老先生正在读晚报呢。“对不起，”他礼貌周到地开口了：“我想先看一眼补印的新闻页，我看得很快。”熟练地把这一页撕了下来，公猪把报纸递了回去，马上在最新赛马结果下面的空白处写了这样一手牌。

双方有局，

西发牌

西	北 / 南	东
	♠— ♡A 8 6 5 4 ◇10 6 5 4 3 ♣J 9 2	
♠2 ♡K 10 9 7 2 ◇A Q 9 2 ♣A Q 3		♠9 8 7 6 5 ♡J 3 ◇J ♣K 8 7 6 4
	♠A K Q J 10 4 3 ♡Q ◇K 8 7 ♣10 5	

“这副牌是比赛的下半场出现的，”他跟我们说：“你们研究一下能打什么定约吧。”

“防得好的话，南家打黑桃定约只有八墩牌。”苦思了一阵后，猫头鹰发表了意见。

“要是能打上梅花将牌，”企鹅也说话了：“西家可以让防守方只拿四墩牌——一墩红桃，一墩红桃将吃，♠A 和一墩将牌，因为从南家出第二次黑桃可以为北家提升一墩将牌。”

“简单说吧，”猫头鹰又继续说下去了：“南家的最佳方案就是以3♠来牺牲对方的3♣，但他有可能被人家加倍，所以，没准他应该放给人家打3♣。”

“要这么说的话，你们就打起精神来吧，”公猪开口了：“两桌都打成局了，说得更清楚点，打的还都是3NT。”

“谁打得成3NT？”悲哀的兔子发问了，觉得自己都被这帮家伙弄晕了。

“都能打得成，”公猪回答道：“一桌的西家和另一桌的南家。当然了，都是酒神狂徒队的，”手指着牌例，他又说：“东-西方的3NT叫牌过程更科学一些……”

“是呀，叫个有八个快速输张的3NT肯定得用点科学的手段。”柯基犬在旁边大声地给出了他的注解。

“根本就打不宕，”丑陋的公猪立即反驳了他：“妙就妙在这里了。他们的叫牌也没有什么太出格的。这是第一个叫牌进程：

西	北	东	南
1♡	不叫	1♠	不叫
2◇	不叫	2♡	2♠
2NT	不叫	3♣	不叫
3NT	不叫	不叫	加倍
全不叫			

“南家叫过2♠后，西家觉得东家既然叫过这个套了，他还应当再叫点什么，他哪能知道这个套人家是可以吃通的呀。他叫的2NT根本不是什么花样——谁又能责备他呢？东家还想再找个更好的定约打，结果还真找到了。确实，西家应该对3♣不叫了，但是，拿着漂亮的配合他认为值得一搏。南家愤怒地加倍了，可是北家没有黑桃可出，随便他首攻什么，你们看吧，这个定约是打不宕的。“

猫头鹰发出轻轻的咕咕声，他实在不想再说什么了。

“当然了，”兔子说：“北家和南家一出牌就互相被挤住了，而且……”

“北家首攻的是♡5，”公猪继续说着，根本不搭理兔子：“出给了♡J、♡Q和♡K。打掉他的五轮梅花后，定约人出◇J，飞过去，再打张红桃给自己手里的♡10，一切就结束了。如果北家跟小，西家就可以兑现他的◇A，第九墩。因此北家扑上了♡A，但是他只能再回出一张红桃或者方块，没什么区别。”

“要是换个首攻……”企鹅还有些疑问。

“都一样，”公猪没打算让他说下去：“试着来张梅花吧，这倒是没帮定约人什么忙。把梅花赢墩取完之后，从明手的♡J下面出♡3，用♡K盖打南家的♡Q。如果北家吃进了，明手的♡J就是进手张，定约人可以飞方块。如果北家跟小，放♡K拿第一墩红桃，西家就再打一张红桃，北家同样束手无策。”

九个输张的局

双方有局，

西发牌

北：
♠—
♡A 8 6 5 4
◇10 6 5 4 3
♣J 9 2

西：
♠2
♡K 10 9 7 2
◇A Q 9 2
♣A Q 3

东：
♠9 8 7 6 5
♡J 3
◇J
♣K 8 7 6 4

南：
♠A K Q J 10 4 3
♡Q
◇K 8 7
♣10 5

“那么在另外一桌，叫牌没这么科学的，是怎么回事呢？”柯基犬问道。

“所谓科学，无非就是向对手披露更多的信息。”公猪发出了讥讽，并写下了这样的叫牌进程：

西	北	东	南
1♡	不叫	不叫	加倍
不叫	不叫	1♠	3NT
加倍	再加倍	全不叫	

"我就坐在南家,西家是老爷子,"公猪解释着:"既然我的同伴放过了对 1♡的加倍,我就不用对这门花色担心了,自己手里拿着七个半赢墩,我自然就直接叫 3NT 了。我这手牌的信息给出的越少就越有利,特别是东家逃叫了黑桃之后。"

迅速地环视了一圈,以期待掌声,公猪又说下去了:"既然老爷子坐在西家,再加倍就是例行公事了。要保持人们对你适当的尊重,就必须在某些时刻坚持自己的立场。那个什么'人人生而平等'的概念简直被他们演绎的太过分了。我要不能时常狠狠敲打敲打这个狄密斯托克利,说不定哪天,他都以为能跟我平起平坐了。"

公猪要讲述打牌过程了。"为了蒙骗我,老爷子打了一张真牌,他红桃长套的第四张。我屏住呼吸从明手放小,让自己的 Q 吃到了这墩牌,大家都看得到,南家这手牌的进张有些匮乏。我的 Q 幸运地吃到了第一墩,我就连打七个黑桃赢墩。由于东家跟出了五轮, 老爷子在从其同伴那里获得丝毫信息之前要垫五次牌。我打出倒数第二张黑桃时,他只能剩下六张牌了。他该怎么办呢?除非他保留两张红桃,明手的四张红桃可能都要打好了,而我有可能席卷十二墩牌。假如他没有叫过加倍,老爷子也许可以赌一下我手里没有红桃了,因此断了通向明手的桥,但一想到三个再加倍了的超墩他就心惊胆战,他决定保留的是:♡K10,◇AQ,♣AQ。在我的第六张黑桃上,东家总算有机会扔掉了他的♡3,老爷子也知道了我手里没有红桃了。在我最后一张黑桃上,他放弃了♡10,但已经太晚了,来看看这个五张牌的残局吧:

	♠— ♡A 8 ◇— ♣J 9 2	
♠— ♡K ◇A Q ♣A Q	N W E S	♠— ♡— ◇J ♣K 8 7 6
	♠— ♡— ◇K 8 7 ♣10 5	

“打光了黑桃后，我用♣5脱手了，东家玩得不错，用他的♣K超吃了老爷子的♣Q，并打出◇J来攻击我的◇K。”公猪站起身，准备去餐厅了，那位上了年纪的会员一直在我们后面坐着，也站起来了。

“不好意思打扰你，”他礼貌周全地说：“但是如果你用完了补印的新闻页，能把它还给我吗？我正在做反面的字谜游戏呢，我……”

“不用多说了，”公猪说着，就从烟灰缸里拣出了已经被揉成一团的纸，把它递给那位老先生时还客气地鞠了一躬。“我由衷地希望你能找到所有的线索，看清所有的逻辑，如果有奖金的话，我盼望你能赢得它。祝好人常胜。”

第九章 兔子挫败厄运

生物诡辩术的荣誉教授,我们口中的鹭鸶和他的搭档,花骡子·茉莉一起轮转到了第八桌,看到南–北的位置被悲哀的兔子和巨嘴鸟·蒂姆西占上了,立刻恼怒地发出了嘶嘶声。

“要是没那么大麻烦的话,就请你睁开眼睛看看轮转卡,”鹭鸶不耐烦地说:“这一轮,你们应当坐东–西的位置。”

今天晚上,由于兔子的粗心大意,他已经两次阻碍了轮转的进程。第一次是个常规的拿错牌,事情很快就被解决掉了。第二次是他无意间把随牌记录放到了自己的口袋里,造成了一场不小的混乱,并且把进程延误了很久。

兔子羞臊得满脸通红,巨嘴鸟也抱歉地左蹦右跳的。

这是第一副牌：

双方有局，

南发牌

♠K Q 9 2
♡—
◇A K 5 2
♣8 7 6 5 4

♠—
♡K J 9 7 5
◇J 10 9 8 7 6
♣K Q

♠5 3
♡A Q 10 8 6 4 2
◇Q
♣J 10 9

♠A J 10 8 7 6 4
♡3
◇4 3
♣A 3 2

西	北	东	南
巨嘴鸟	鹭鸶	兔子	花骡子
			1♠
加倍	再加倍	4♡	不叫
不叫	5♡	不叫	5♠
不叫	6♠	全不叫	

茉莉要求复述一下叫牌。教授和巨嘴鸟以二重唱的形式完成了这个任务。此后桌上沉静了一阵，就在巨嘴鸟准备首攻◇J 的时候，兔子把♡A 出到了桌上。

“慢着！”鹭鸶在♡A 尚未触到桌面时就大叫起来：“你知道自己的权利吗，茉莉？要不，咱们就叫裁判来？”

“又来了，”巨嘴鸟听到这一套就头疼。

“我完全清楚我的权利，”茉莉回应着，“所以用不着叫谁来。当然了，除非，”她意味深长地瞟了一眼兔子：“裁判是咱们那位出色的古德沃特先生，他有一次说过，越序的首攻总应当被接受，既然一个牌手连该谁出牌都搞不清楚，他肯定不知道应该攻什么。”

教授没有丝毫血色的薄嘴唇分开了，发出一阵冷笑。

考虑到先让明手将吃一墩红桃是符合她的打牌计划的，茉莉要求巨嘴鸟首攻一张红桃。

在明手将吃后，茉莉打出了♠K，然后是◇A。她的计划是要消去红花色，然后打出♣A 和另一张梅花，希望这墩牌能被拿着双张♣K 的防守人吃进，被迫送她一个将吃垫牌。

她不能先调两轮将牌，因为这样明手就剩下一张将牌了，而她需要明手有两张将牌，一张用于将吃方块的进张，另一张作为投入的陷阱。兔子的◇Q 可能是，也可能不是单张，但她非得冒这个险不可。所以，在第四墩的时候，她继续打出了◇K。兔子将吃了，转攻梅花。定约宕二。

“多么不幸的一手牌呀，”茉莉抱怨着：“将牌是 2–0 分布，方块还是 6–1 分布的，实在没希望。好在没有人叫加倍。请注意，所有够水平的牌手都会叫到满贯，所以咱们只会输给那些烂牌手。”

“也许有人能打成这个定约呢。”巨嘴鸟没头没脑地来了一句。

“公猪就能……”兔子也要表达他的看法。

“根本就打不成。”花骡子·茉莉发布了权威般的断言，把兔子的后半句话吓回去了。

我决定跟着这副牌看结果。这个双人赛盛会吸引了许多有名有姓的大人物，其中就有国际殡葬业公司的总裁，哀钟鸣勋爵和他公司的出口业务部经理，欢铃·杰拉米。他们二位坐在东–西的位置上对抗黑猩猩·查理和海象·沃尔特。他们桌上的叫牌进程干净利索。

西	北	东	南
哀钟鸣	海象	欢铃	黑猩猩
			4♠
加倍	6♠	加倍	全不叫

哀钟鸣勋爵首攻◇J 给明手的◇A。看到，并相信东家的◇Q 是单张，黑猩猩

打了两轮将牌，然后再兑现◇K，将吃了一墩方块。将吃红桃进入明手后，他又将吃了明手最后一张方块。此后他打出了A和另一张梅花。哀钟鸣勋爵手里只剩下红花色的牌了，他只得送了一个将吃垫牌。

“打得不错呀，先生，”他祝贺了黑猩猩。

对于公猪和柯基犬·考林来说，这是他们今天晚上最后的一副牌。对手是老爷子和卡拉赔特。叫牌过程是这样的：

西	北	东	南
老爷子	柯基犬	卡拉赔特	公猪
			1♠
2◇	3◇	4♡	4♠
5♡	5♠	6♡	6♠
加倍	再加倍	全不叫	

打双人赛，老爷子根本不可能考虑放过6♠。他要么用7♡来牺牲，这对他来说不像是个好主意；要么就希望打败敌方的定约。因此他选择了加倍。

柯基犬的再加倍同样也是被计分方式所驱动的。如果满贯打宕了，这总是个坏分，再加倍只不过会把这个零描得更圆一点。但如果这个定约打成了，一定是个扎扎实实的顶分。

希腊人首攻◇J。公猪赢进后就打了♠K，老爷子动作花哨地垫掉了他的♣K。在随后打出的♠Q上，他又垫去了♣Q。

四周的观众都惊讶地张大了嘴巴，但如同老爷子事后所讲解的，这对一位专家来说是日常的打法。“没什么大不了的，连他都能打出了。”老爷子说到这里，居高临下地朝公猪努了努下巴。

如果他的叫牌是合理的，定约人手里就不大可能少于七张黑桃和♣A。第一墩的打法就表明了定约人有两张方块。如果他有两张或四张梅花，防守根本就失去意义了。唯一的希望就是定约人拿着三张梅花，为应付这种情况，老爷子必须要防范随后的投入。

公猪好像完全没有注意到老爷子技惊四座的垫牌。打完两轮将牌后，他兑现了◇K,将吃了一墩方块,并打出了♣A。然后,他将吃红桃渡到明手,又打出了明手第四张方块,垫去手里的一张梅花,一个简洁的输张垫输张,老爷子束手无策了。

“除非来一张不可能的红桃作首攻，过早地除掉明手一个关键的进张,这个定约连白痴都打得成。”公猪解释着:“投入是无法避免的,除非首攻红桃才能扭转厄运。没错,连狄密斯托克利也能攻得出,我当然是说他在状态极佳的情况下了。看看分吧。”他的眼睛扫了一下随牌记录,马上注意到了比他早几分钟打完比赛的茉莉正站在他的后面。

“怎么搞的？居然还真有人把定约玩宕了！”公猪以不可置信的口气大叫着：“谁是第十一对牌手？真有本事,我还真要向他们请教一下了。”

第十章
一副不幸的牌

第十三副牌对所有人来说都够不幸的。

老爷子与卡拉赔特打这副牌时对抗的是花骡子·茉莉和白鸽·蓼莉，我们俱乐部周四双人赛聚会的客人。

双方有局，

北发牌

	北	
	♠6 5 4 3 ♡4 ♢3 2 ♣A Q J 10 6 4	
西 ♠10 9 8 7 ♡5 ♢Q 10 9 6 5 ♣K 3 2		**东** ♠Q 2 ♡A Q J 10 9 8 7 6 ♢8 7 ♣9
	♠A K J ♡K 3 2 ♢A K J 4 ♣8 7 5	

西	北	东	南
白鸽	老爷子	花骡子	卡拉赔特
	不叫	4♡	加倍
不叫	6♣	不叫	6NT
全不叫			

老爷子痛痛快快地承认了,他跳叫到6♣很大程度上是灵光一现的产物。卡拉赔特的加倍表示他至少能够对黑桃套有一定的支持，因此他非常可能有八张,也可能是九张黑花色的牌。果真如此的话,惩罚4♡没多大意思,而南-北方的4♠是有希望的定约。无论怎么说,低花局在双人赛上注定会是个差分。面对一个大胆、极具创造力的决定时,老爷子自然要勇于承担责任了。更何况,当定约人打一个满贯定约时,总要处于老爷子所习惯的聚光灯下,当然了,这完全是偶然发生的。

卡拉赔特的分析是，既然一个红桃输张是逃不掉的，打花色定约就没什么优势了,因此在双人赛时,他要充分享受无将的优势。

荎莉首攻♡5给花骡子的♡A。回出的是♡Q。

用♡K赢进之后,亚美尼亚人飞了梅花,用◇A回手之后,重复了梅花飞牌。这之后他打出了♠A和♠K,当♠Q跌出来之后,他叹了一口气就摊牌了。

“有些人可真够运气的,”花骡子·茉莉凄苦地抱怨着:“胡乱地跳叫到一个差劲的满贯,梅花要是飞不中的话要宕七墩。居然梅花就飞中了,这还不算完,还需要再飞一次牌或者击落一张Q,又走运了。这是个什么定约呀!卡拉赔特,你可真是个福星高照的幸运儿啊!”

“我,还幸运呢?”他愤慨地大叫起来:“难道你就没看出来,你们的运气才是出奇的好吗?这张♠Q掉下来了,随便哪个叫到满贯的定约人都能把定约打成了。假设西家拿着这张♠Q,我还是能打成这个满贯而你们就要得个结实的底分了。没错,”根本不理睬茉莉蔑视的喷鼻声,卡拉赔特继续说着:“我只要兑现我的赢墩,最后一张梅花就要把荎莉紧逼了,就是你第一墩扑上了♡A,调整了输张……”

“你胡说什么?”花骡子听不下去了:“你觉得我应该把♡A饿死吗?同伴可只有一张红桃……”

“但你并不知道呀,”卡拉赔特不同意她的说法:“我有两张比5还小的红桃,而萎莉完全有可能拿着其中任何一张嘛。”

“我又怎么能知道呢,我可不是拿着算盘打牌的,”茉莉被激怒了:“我是凭感觉打牌的。男人一辈子也弄不明白,世界上还有直觉这回事。”

“就是,茉莉的直觉可灵了,”白鸽也要表示对同伴的崇拜:“我们在蝴蝶俱乐部经常看到她出色的表演。就是上个星期一,噢,对不起,是星期二,佩内洛普叫了……”

“请轮转,下一轮要开始了。”比赛的裁判高声招呼着。

这对老爷子来说可真是一副背运的牌,他不仅扮演了极其不习惯的明手角色,而且在桌上激烈的口舌之争中,他竟然连一句整话都没法说出来。

对于公猪来说,这副牌也是很不幸的,因为在他打这副牌的时候,他的死敌,狄密斯托克利·帕帕多普洛斯就一直站在他的后面,紧紧地盯着他的一举一动。由于有一副四家不叫的牌,老爷子那一桌比别的桌结束得都早,得到闲暇的老爷子脸上挂着讥讽的冷笑看公猪打牌。

叫牌进程也是简单明了的。坐在北家的悲哀的兔子开叫了3♣。东家的黑猩猩·查理与茉莉所做的一样,叫出了4♡,公猪眼都不眨就用6NT结束了叫牌的过程。

生物诡辩术的荣誉教授,大家眼中的鹭鸶,首攻了♡5,但黑猩猩跟茉莉打的不一样,选择了出♡6。紧逼是他怎么都不会想到的,但他看得出,除非鹭鸶有个进张,这个定约是肯定能打成的。这在双人赛上是个不用争议的坏分,送给定约人一个超额赢墩也不会坏到哪里去。但如果鹭鸶有个进张,最要紧的问题就是别先打掉他的第二张红桃,切断了防守方的连通。至于说鹭鸶没有第二张红桃,♡5是个单张,是他必须要冒的风险。

公猪能够看到十一墩牌,但是到哪里才能找到第十二墩呢?从第一墩看得到,黑猩猩有八张红桃,他在其他花色中一定很短。尽管梅花的飞牌是必须要飞到的,否则定约根本没希望,但那两张Q的位置就不像是有利的了。紧逼显然是最好的机会,但他不得不调整输张,而这似乎是个无法完成的任务。如果黑猩猩拿着要命的Q,他可不敢把出牌权丢给双张的♠或◇Q,因此只能把一墩梅花丢给鹭鸶。损失的这墩牌立刻就会在鹭鸶回出的黑桃或方块中还回来,但是迫使教授用♣K吃一墩牌是有些难度的,特别是公猪把牌打得太直接了。如果这一意图暴露得太明显了,鹭鸶也许就能看出端倪来,有第三张梅花的话,就回出第三张梅花,而不会转攻一张黑桃或方块。

用♡K赢进第一墩牌后,公猪思考了大约三十秒钟。然后他打出了自己手里的两张A,又飞了一次梅花。当♣Q吃到后,他停顿下来,用他好斗的目光巡视着:"这么吵吵闹闹的,让人怎么打牌呀?"他烦躁地吼道:"打完牌的人就不会安静点吗?"跟着,他转向了黑猩猩:"我是个挺随和的人,查理,这一点大家都知道;但如果你一定要把烟喷到我脸上来,至少,你也得去买点像样的烟来抽呀。这个年头……"嘴里说着,公猪就准备从手里打第二轮梅花了。

"该明手出牌,"鹭鸶以闪电般的速度阻止了他。公猪的嗓子里发出了隆隆的抱怨,摇了摇头,耸了耸肩,以一副厌烦透了的架势,从明手打出了♣J。教授立刻就吃进了这墩牌。让公猪后悔的是,黑猩猩垫掉了一张红桃。这么说,鹭鸶有第三张梅花,他会打出这张牌来吗?稍稍思考了一下,教授打出了♠10,公猪的表情彻底放松了。

以一个戏剧化的手势,他摊牌了。

残局是这样的:

	♠6 5 4 ♡— ◇3 ♣A 10 6 4	
♠10 9 8 ♡— ◇Q 10 9 6 ♣3	N W E S	♠Q ♡A Q J 10 9 8 ◇8 ♣—
	♠K J ♡3 2 ◇K J 4 ♣8	

“剩下的打法就是平淡无奇的了，”他要讲述打牌路线了：“兑现完剩下的黑桃后，我就要连出梅花赢墩了。当我打出最后一张梅花，也就是第十墩牌时，总共是一墩红桃，一墩方块，三墩黑桃和五墩梅花。跟出了第六轮梅花后，查理就只剩下两张牌了。其中一张必定是红桃，因为我手里还有一张红桃呢。因此他没法保留两张方块。我现在可以扔掉自己的红桃了，而压力就转移到了教授身上。他必须要保留一张黑桃，因为明手还有一张黑桃呢，所以，与黑猩猩一样，他也只能剩下一张方块。于是我的◇J就成为第十二墩牌了。”

“请注意这个紧逼的妙处，”洋洋得意的公猪还是大讲特讲：“假如我没有拿一个赢墩换取另一个，以一墩梅花换了墩黑桃，在这个过程中送掉了一墩牌，取到十个赢墩之后，最后的残局就是三张而不是两张牌的。两个防守人都有保留两张方块的可能；假如教授转攻的是方块而不是黑桃，他们也能够保留黑桃。没错，这也没有太大的区别。牌张的分布也没多大关系。要不要我来解释一下……？”

就在此刻，老爷子狠呆呆地向前跨了一步：“我能问问吗，”他的声音冷冰冰的：“你小心翼翼地从错误一边出牌之前，你那一套戏剧化的表演是为了什么？”

鹭鸶发出了恶毒的嘶嘶声，黑猩猩扮出了气哼哼的鬼脸。

“我就此跟大家打个招呼，”老爷子又说了：“我准备在下一次魔鬼分委员会开会时对这个丑恶的表现提出诉讼。”

“这样对待公猪有点过分了，”后来，在酒吧间我听到兔子对柯基犬说：“毕竟，大家都可能忘记出牌权在哪边，干吗非要闹到魔鬼分委员会去呢？我的意思是说，谁都清楚这不过是个粗心大意的失误，但总不算什么大罪过吧，是不是？”

“不是，不是，”柯基犬·考林安慰着他：“公猪绝不会犯什么罪过的，他就是魔鬼的化身。”

第十一章 公猪隐瞒了他的A

“我敢说,他脚趾间是长了蹼的。”当我们鹰头狮身俱乐部的新会员,走进,或更准确地说是趟着步子进入酒吧时,柯基犬·考林对我们说。第一轮酒还没有喝完,他就荣获了白鹅·加文的称号。

他个子很高,脖子长长的、曲里拐弯的,鼻子尖尖的;他走路的方式颇为奇异,把全身的重量交替着从一只脚上移到另一只脚上。大家对他的总体印象,就是两个独立的建筑物被什么人强行结合在了一起,而腰部以下的组合似乎不大成功。

海象·沃尔特把他当作客人邀请到俱乐部来打了几次牌。在百家乐与二十一点上输钱是他日常的消遣,但他有时也会到桥牌桌上来寻求刺激。他的主要兴趣在于叫到满贯,至于满贯是否能打成,他就不那么强求了。

公猪善于快速地对敌手做出评价,无论他们坐在他的两边还是对面。和白鹅打过第一次牌后他的结论是:

“太典型了。一般说来,所有差牌手总是叫牌太低,而且他们这么做是有理由的,他们要拿到比别人更好的牌才能赢到同样的墩数。可白鹅跟他们完全不同,他叫得很高,打得特差,要命的缺点他都占全了。”

“那你要怎样对付他呢?”猫头鹰·奥斯卡问。

“真没什么特效药，”公猪答道：“假装你的牌路子跟他是一样的。最紧要的是，千万不能让他怀疑你故意低叫。否则，为弥补你的低叫，他每拿起一手牌来都会自动加上一张 A。”

这次谈话后不久，我就观看了这样的盘式牌局：丑陋的公猪和白鹅·加文，对手是花骡子·茉莉和海象·沃尔特。在第一副牌中，公猪的牌是：

♠8 7 3 2　♡J 4　◇A J 2　♣A K Q 8

白鹅首先开叫了 1♣。海象不叫之后，公猪应叫了 1♠，茉莉的不叫的话音未落，白鹅就吼出了 4NT。

对于自己将牌的质量不够满意，公猪考虑了一阵，决定隐瞒一张 A，只回答拥有一张 A。在他的 5◇ 答叫之后，白鹅极不情愿地撤退到 5♠，就此结束了叫牌进程。

“尽管我们缺了一张 A，可能我还是应该叫满贯。”茉莉攻出了♣10 后，白鹅一边说着，一边摊了牌。

双方无局，

北发牌

	北	
	♠A K Q 9 ♡A Q ◇K 10 3 ♣J 7 4 3	
西 ♠J 10 4 ♡K 7 6 5 ◇Q 9 5 ♣10 9 2	N W E S	东 ♠6 5 ♡10 9 8 3 2 ◇8 7 6 4 ♣6 5
	南 ♠8 7 3 2 ♡J 4 ◇A J 2 ♣A K Q 8	

西	北	东	南
花骡子	白鹅	海象	公猪
	1♣	不叫	1♠
不叫	4NT	不叫	5◇
不叫	5♠	全不叫	

一看到明手的牌，公猪就紧紧地闭住了嘴唇，在他制定打牌路线期间的二十秒钟里，一声不响地苦苦思考着。他在手里赢进第一墩牌后，打出一张将牌，明手放上了♠9。茱莉发出一声惊呼，坐在她后面的猫头鹰也扬了扬眉毛，但公猪根本不会为他们的举动而分心，他又取了两墩将牌，用一张梅花回到暗手，飞了♡Q。然后他在兑现了所有的梅花赢墩后要处理方块了。

茱莉垫过一张红桃，而她手里标明了还有♡K，因此准确地说，她的牌型是3–4–3–3。那么，海象就有四张方块而花骡子只有三张。同时，花骡子显露了四点牌而海象还一个大牌点没暴露呢。从概率上看海象更可能拿着◇Q。把概率抛到九霄云外的公猪提了◇A，按照茱莉持有◇Q 打了飞牌，全取了十三墩牌。

“咱们活生生丢了一个满贯！”白鹅大叫起来：“你有两张 A。你干吗要骗我？”

“要做四次飞牌……”公猪要为自己辩护了。

“飞牌又有什么难的！”海象一脑门子怨气：“我连一个大牌点都没有，你怎么都能飞中。”

“你第一轮黑桃用♠9 飞算是独出心裁了吧！”茱莉心存疑惑。她坚信公猪又在耍什么鬼花招，她很想弄弄清楚。

“我是要预防 5–0 的将牌分布呀。可这牌不是这么长的。”公猪的辩解失去了往日的气势。

“一堆画蛇添足的飞牌……”猫头鹰疑惑地眨着眼睛。

“换个话题吧！”公猪干净利索地截断了他的话头。但是，后来，猫头鹰还是在酒吧间重新提起了这个问题：“公猪，我还没见过你会把牌打成这副模样呢。做过那个毫无必要、花里胡哨的黑桃飞牌后，你本来就能摊牌声称十二墩牌了。先消除将牌和梅花，你只要打掉♡A，把♡Q 送出去……”

“事情妙就妙在这里了，你真看不懂吗？”公猪愤懑地打断了他：“明手一摊牌，我就清楚了，主要任务就是千万别打成六个。第二张 A 总是要暴露的，他注定要怀疑我叫牌太低，此后就要从一个满贯蹦到另一个满贯，直到把这局牌彻底葬送掉。明白了吧，这副牌我打得可是费尽了心机呀！”公猪仰天长叹。

自杀的幸存者

公猪的恐惧还真不是庸人自扰。从这副牌后，白鹅就把主动权牢牢地握在自己手里了。他把公猪和自己的牌力都过高地估量了，并一通猛叫，一口气送出去一串罚分。但他们总算有了个扭转乾坤的机会。为讲述的方便，我把方向调整一下，让白鹅坐在南的位置上。

双方有局，

西发牌

	♠A Q 3 2 ♡K 7 5 4 ♢7 5 ♣10 4 2	
♠K J 9 7 5 4 ♡10 9 3 ♢8 ♣9 8 7	N W E S	♠10 8 6 ♡A J 8 6 ♢J 10 9 3 2 ♣6
	♠— ♡Q 2 ♢A K Q 6 4 ♣A K Q J 5 3	

北	南
公猪	白鹅
不叫	1♣
1♡	3♢
3NT	4♢
5♣	6♣

海象·沃尔特首攻的是♠7。白鹅让明手出♠Q，当这墩牌到手后，他满面笑容，手里的两张红桃都在♠AQ 里垫掉了。

“如果我们叫的是大满贯，你也这么攻牌吗？”他抻着长脖子，把脸凑到海象跟前问道。

调过三轮将牌后,他开始处理方块。糟了,5-1的分布他可真对付不了。

“真是倒了八辈子霉了,这叫什么分布呀!”他咯咯地大叫着:“二十分之一的概率。”

“5-1分布的准确概率是14.53%。”海象立即纠正了他,一切有关于数字的事情海象都是专家,只是从来不知道该怎样解决相关的问题。

公猪硕大的脑袋摇个不停:“得到这个首攻之后,满贯打不成的概率是二十五万比一,相当于在未来两分钟内伦敦发生毁灭性的地震。”他一面说着,一面把无比厌恶的目光射向了白鹅,而这种目光他通常是专为鹭鸶保留的。

“可是,我怎么才……”白鹅困惑地开口了。

“你想请教一下怎么才能不把这副牌打宕吧?”公猪用嘲弄的口吻替他完成了这个提问:“一个简捷的方法就是在那两个黑桃赢张上垫掉两个方块输张,而不是一个红桃赢张。你那个赢张垫赢张的打法就是自杀。注意,如果你停顿足够的时间来动动脑子,先不要调将牌,你本来还能在自杀后被抢救过来。你本来可以将吃一墩方块的。”

“可海象能在我将吃之前就将吃了呀。”白鹅还是不服气。

“只要你控制一下寻死的冲动,别先出两轮大方块就行了。先出◇A,再出张小,海象就无计可施了。你只会损失一墩小方块。另一张小方块你是可以用明手的♣10将吃掉的。”

当我们讨论这个牌局第一手牌的古怪打法时, 公猪回忆起了后面这副倒霉的牌。

“有些时候,要丢掉一些牌墩比赢取一些牌墩还要困难。”他接着说下去:“就说说这走了背运的……”

“走背运?”卡拉赔特听到了我们的讨论。手里端着一杯菲奈特·布兰卡苦啤酒,他走了过来:“诸位听说过星期三我碰到一手什么牌了吗……”

第十二章
风云骤变的残暴命运

公猪领军的酒神狂徒队在一年一度对抗老爷子率队的飞龙一族的比赛中落下风了。当最后一副牌摆到桌上时，他们心里相当清楚，差距有1000分左右。半场结分时，他们输了940分，而下半场又都是一些平牌，公猪似乎也没什么先手。

这困境完完全全是由兔子造成的。这家伙违反指令，有两次叫了无将，而由他主打定约的后果是没悬念的。藏牌一回，越序首攻一次，又搞了个不足的叫牌，每次都给自己的队带来了损失。

老爷子一副洋洋自得的样子。卡拉赔特看上去没有以往那样愁苦了。丑陋的公猪气哼哼地瞪着眼睛。

四杯樱桃白兰地和一大盘巧克力杏仁饼干一点儿都不能平息兔子强烈的负罪感。他知道，他这回出丑又出得大了，用颤巍巍的手指头，他从牌套北家的位置里抽出牌来了。

侍者又把一杯樱桃白兰地放在他的旁边了。兔子一扬脖子，把这杯酒喝干了，随后用果断、响亮的声音叫了1◇。

双方有局，

北发牌

♠8
♡6 5 4 3
◇10 9 8 7 6 5
♣8 2

♠J 9 6 5
♡A Q J 10 8
◇K J
♣Q J

西	北	东	南
老爷子	兔子	卡拉赔特	公猪
	1◇	不叫	2♣
2♡	不叫	3♣	4♣
4♡	不叫	不叫	4♠
加倍	全不叫		

作为有局方的第一家，兔子玩了个彻头彻尾的诈叫。按他事后的解释，他这样做只会占便宜，不可能吃亏的。很明显，敌方的实力比自己一方多，他们肯定能打成一局，也许是个满贯，没准是个大满贯。如果他能把水搅浑了，谁知道后果会怎样呢，也许就能扭转乾坤了；如果失败了，结果在本质上没什么区别，输了就是输了，1000分跟2000分有多大差别呢？

本性难移的老爷子，找到了♣J作为狡诈的首攻。

明手的牌摊到桌上，大家一时间都失语了。

“干完了坏事，自己都心虚得不敢做出将牌选择了。”希腊人嘎嘎地笑起来了。

卡拉赔特扑上了♣A，又回出了♣7。公猪在第一墩上跟出了♣3，第二墩出♣10，输给了老爷子的♣Q。

“这招数是老了点，但还凑合够用。”老爷子说话的时候，向观众们欣喜地眨了眨眼睛。现在转攻什么花色都有可能吃亏，但是黑桃看起来危险最小。同伴手里有四张牌都能让换攻黑桃不吃亏。但换攻一门红花色非得要求同伴有♡K,或◇A,或◇Q不可。

老爷子转攻的♠5使得卡拉赔特只能跟小，公猪的♠10吃到了，他连着又打出了三轮大将牌,卡拉赔特一直跟着出。希腊人耸了耸肩膀。他敏锐的首攻占到了一墩的便宜。但回出将牌,成功率最大的打法,又损失了一墩。这纯粹是背运,他是根本不应该担负责任的。

打光了黑桃之后,公猪打出了♣K。老爷子垫掉了♡Q,而卡拉赔特垫掉了♡9。

“你没有梅花了？”希腊人和亚美尼亚人异口同声地问同伴。

又是一轮梅花,希腊人和亚美尼亚人分布垫出了♡J和♡2。

希腊人靠在椅背,闭上了眼睛,这个姿势有利于看透牌背。公猪标明了有十一张黑牌。卡拉赔特先垫♡9,再垫♡2,表示他拿着双数张的红桃,准确地说是四张,因为小双张根本与叫牌过程不符。因此公猪的两张红牌都是方块。假如卡拉赔特有◇A,事情就简单了,但如果公猪拿着这张◇A,定约是没法打宕的,而且,只有保持住◇KJ,老爷子才能不奉送超额赢墩。

梅花是一张接着一张的打,公猪跟往常一样,打的飞快。不甘示弱的老爷子恨不得打得比他还快。已经扔掉了♡Q和♡J,他继续垫掉了♡10,然后是♡8,一路从大到小。已经用♡9和♡2完成了信号的卡拉赔特,先扔◇3,又在倒数第二张梅花上垫掉了♡K。对于老爷子来说,这就是明明白白地说:“我确认原本拿到是四张红桃。定约人没有红桃了。紧紧抓住你的方块吧！”以充满戏剧色彩的架势,希腊人把♡A甩到了桌子上。整手牌是这样的：

	♠8 ♡6 5 4 3 ◇10 9 8 7 6 5 ♣8 2	
♠J 9 6 5 ♡A Q J 10 8 ◇K J ♣Q J	N W E S	♠7 4 3 2 ♡K 9 2 ◇A Q 3 2 ♣A 7
	♠A K Q 10 ♡7 ◇4 ♣K 10 9 6 5 4 3	

在公猪嘎嘎的大笑声中，♡7飞到了铺着绿绒布的桌面上，定约就这样完成了。

“你明明拿着三张红桃，干吗向我表示是四张？”老爷子怒吼着。

“我得表示我拿着♡K，这是姿态信号，跟张数有一点关系吗？”卡拉赔特也是满嘴的道理。

“即便这样，”老爷子的嘴里都要喷火了：“打到最后你也可以保持着◇A并拿着大红桃呀！”

“我的红桃根本不是大的，”亚美尼亚人毫不示弱：“你的♡A才是大的呢，可你却把它像垃圾一样扔掉了。我就是要告诉你，我保留着◇A呢……”

“有拿一张◇3来表示◇A的吗？”老爷子一脸讥讽地说。

“你那个狡诈的首攻呀，狄密斯托克利，”公猪嘻皮笑脸地开口了：“是唯一把定约放在托盘上送过来的玩法。我相信你的能力，你完全看得到，如果你首攻一张红桃，再坚持出红桃，我就只能拿到四墩将牌了？宕六呀！换言之，你们就要得1700分，而不是负790。我这是什么搭档呀，竟然让我打这么丢人的定约……”

老爷子和卡拉赔特根本就没工夫理他的调侃。他们自己之间的怒火还在熊熊燃烧呢，在他们相互指责和反驳的浪潮中，我把这副牌传到了另外一桌。黑猩猩·查理坐在南家，和他搭档的是花骡子·茉莉，坐在西家的是柯基犬·考林，跟他联手的是海象·沃尔特。

叫牌进程跟我刚刚听到的真是天差地别。

西	北	东	南
柯基犬	花骡子	海象	黑猩猩
	不叫	1NT	不叫
2♣	不叫	2♠	不叫
4♠	不叫	不叫	加倍
全不叫			

这个无将开叫是标准的12~14大牌点。拿着如此奇特的牌型和大批的打牌赢墩，

黑猩猩决定深深地埋伏起来,后发制人。对方最终竟然落到了4♠定约上,真是太出乎预料了,他免不得对自己第一轮选择不叫的深谋远虑表示衷心的折服。

黑猩猩首攻了♠A,跟着又出了♠K。然后,他把♠Q拿出来,又放了回去。一两分钟后,他只得服输了,无论他再出什么,定约人总能对着明手出张黑桃,再回到明手去调出最后一轮将牌,完成这个定约。

"打5♣定约才宕一,"茉莉责备他了:"你将吃一次黑桃就能进入明手,对着你的♣K出张梅花,就输三墩牌给三张A,没有别的输墩了。"

"我觉得另一桌也打不出什么区别来,"黑猩猩辩解着:"他们也得叫到4♠去,这牌长成这模样,就没法打宕。"

"要是不按你的方式首攻,区别可就大了,"柯基犬一向乐于把水搅浑,这机会恰到好处:"比如说,你要是首攻一张梅花……"

"定约人暗手有三个进张,只要每次都对着明手的J出将牌就行了。"黑猩猩底气十足地辩解着。

"这么打呀,看看结果吧,"柯基犬也不肯让步:"定约人在明手赢进第一轮梅花,用一墩红桃回手出黑桃。你就扑上♠A,再来一轮梅花给他的A。用♠K吃进第二轮黑桃,第三轮梅花被暗手将吃……"

"定约人还有一张黑桃可出嘛。"黑猩猩打断了他。

"没错,"柯基犬认可地点着头:"但将吃后,这可是他最后一张将牌了。你用将牌Q赢进之后,继续打第四轮梅花。明手倒是还剩下一张将牌,就是♠J,但这是定约方除了◇A以外唯一能吃到墩的牌张了。他们总共只能吃到六墩牌,而不是十墩。当然了,及早服软的话,定约人就不应该打出他最后一张黑桃来……"

茉莉没打算让他把这句话说完:"也就是说,"她的语调相当尖刻:"稍微运用一点灵感,躲开这个呆头呆脑的将牌首攻,在得分上的区别竟然有1890分之巨?天哪,我要是坐在南家就好了!"

“别难过，茉莉，”柯基犬安慰道：“查理不是都说明白了吗，另一桌的结果注定是一样的。”

“真是一副奇牌，”后来，当我们分享着一瓶勃林格酒，讨论这场比赛时，猫头鹰·奥斯卡在酒吧里评论道：“两个牌室里都打成了加着倍的4♠，只要换个首攻，一边能宕1700分，另一边能宕1100分，当然，如果定约人打对了仅丢200分。因此，差别高达4380分，或最少也是3480分——唉哟，四人队时大将牌有没有奖分？我还真忘记了。”

第十三章
动物园风格的混合赛

争夺斯芬克斯杯的大师与魔鬼混合四人队贴分比赛有着异乎寻常的味道。依照胡伯特·菲利普斯杯的规定，每个队中必须包括一名更伟大性别的牌手，而她要轮流与其队中的其他牌手搭档。虽然根据每个队牌手们的水准差别做了评估，判定了贴分，但他们的个人技术资料需要严格保密。仅宣告整队的水准，这样，每位选手都有理由相信自己的高水准在填补着其他牌手的缺陷。

“怎么的？咱们队有5000分的补贴？”我听到海象·沃尔特在跟他们的队长，花骡子·茉莉嘀咕：“差不多还算公平，这主要是巨嘴鸟给咱们挣来的。你不信？我就看到他因为拿了个八张黑桃套之类的牌，只有七个点，竟然开叫了。呸！”

“我们队拿到了最高的补贴分我一点都不觉得意外，”巨嘴鸟·蒂姆西向他的好朋友，悲哀的兔子吐露了心声：“有那个海象就够呛了。这家伙就认得大牌点，他连数赢墩的功夫都没有了。就拿昨天来说……”

在决赛中，临时拼凑的队，白鸽·萋莉、公猪、老爷子和兔子要面对花骡子、海象、巨嘴鸟和卡拉赔特了。就三十副牌，腰里别着5000分补贴，茉莉的队伍一开始总是领先的。一些又小、又平的牌，让萋莉这只星光熠熠的队伍没什么迅速拉近差距的机会。兔子不幸地把明手的长套给打堵塞了，宕掉了一个1NT定约。几副牌后，巨嘴鸟的一个输张垫赢张的表演总算扯平了。打到最后十副牌，最后一次调换搭档时，领先者的优势还是比较明显的。

坐在兔子后面看他打最后一节牌，我见他拿到这么一手牌：

♠5 4 3 2　♡5 4 3 2　◇—　♣6 5 4 3 2

坐在第一家的蓼莉，开叫了双方有局的1NT时，他感到这辈子都没有这么后悔过要打弱无将。海象不叫，兔子开始战栗了。他要怎么做才能躲开这迎面扑过来的灾难呢？要是叫个斯台曼的2♣，肯定就要听到2◇。不叫的话，人家注定要来个惩罚性加倍，损失至少是800分，更可能是1100分，也许还不止。兔子记起来了，他见过公猪在类似的情况下大胆地叫出了2♠。由于加倍都是技术性的，有机会虎口脱险。这只是理论上的依据；拿这么手烂到家的牌，要做出这样的叫品没有十足的胆气可不行。蓼莉忽闪忽闪的长睫毛魅力无限，兔子在无奈中咬牙叫出了2♠。跟下来两家都不叫，海象在他的右边叫出了加倍。兔子把眼睛闭上，竖起了耳朵等着巨嘴鸟以夜莺天籁般的鸣叫来解救他，3◇，或者是2NT。他什么都没听到。巨嘴鸟在不叫之前只是在椅子上欢腾地跳跃了一阵子。他拿出了♠K，又换成了♠A，最后打定主意要出一张最稳妥的牌，◇J。

双方有局，

北发牌

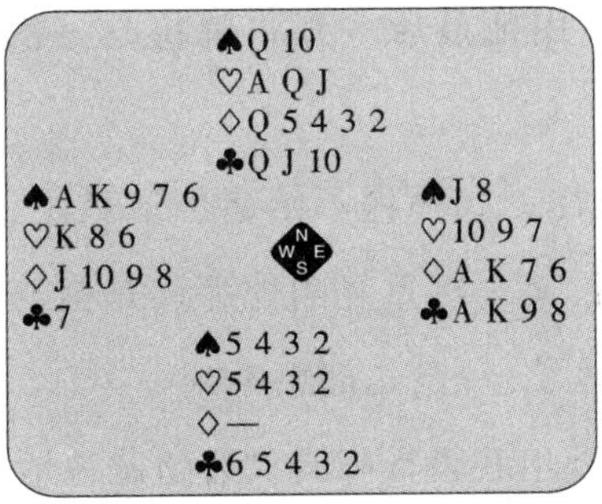

西	北	东	南
巨嘴鸟	蓼莉	海象	兔子
	1NT	不叫	2♠
不叫	不叫	加倍	全不叫

兔子将吃了，飞红桃，三次渡到明手，又将吃了三墩方块。反复数过自己的牌墩，证实了他已经取到七墩牌。第十三张红桃出向了明手的♠Q，靠将牌巧吃取得了第八墩牌。

“我加了倍，你怎么能不叫牌呢？”海象喊着：“难道你不知道这是技术性的吗？”他要说的还多着呢，当我把这副牌拿到另一个牌室的时候，走廊里还回荡着他愤恨的抱怨。叫牌在另一桌却完全不同了。

西	北	东	南
公猪	花骡子	老爷子	卡拉赔特
	1◇	不叫	不叫
2♠	不叫	3◇	不叫
3♠	不叫	4♣	不叫
4♠	不叫	6♠	全不叫

花骡子·茉莉首攻了♣Q。公猪狠呆呆地瞪了老爷子一眼，就扑上了明手的♣A，随后打出了♠J。当卡拉赔特面无表情地跟出小牌时，公猪就确定了他没有拿着♠Q。因此，他只能按照唯一可以完成定约的分布来打，他扑上♠A，看见♠10掉出来，他满意地哼哼起来了。将牌K随后击落了♠Q，立刻再打两轮将牌，他又飞了方块。用他最后一张将牌将吃一次梅花，就把明手的♣9建立为第十二个赢墩了。

“我搭档把牌叫成这样，我不得不给诸位道歉了，”老爷子对旁观者们说：“毫无理由地弄了个跳叫，又一再重复叫他那满是窟窿的烂套，我当然以为他拿着六张或七张坚固的将牌了，一点儿都想不到……”

“既然你一门心思地要给我设计障碍，”公猪蔑视地反击着：“你还指望我能叫什么？对你那不着边际的扣叫做加叫吗？”

与此同时，茉莉也把指责的手指戳到了卡拉赔特的鼻子前面：“太明显了，你怎么就不能做个莱特纳尔加倍，让我首攻方块呢？我的同伴，”她的声音越来越尖利:“你可别跟我说你没听说过莱特纳尔加倍!”

“但加倍是要求不寻常首攻的,让你攻明手的套呀,”卡拉赔特反驳了:“可明手什么套也没叫过嘛。”

“说的是嘛,”茉莉表示同意:“既然明手叫了我的套,还有什么比这个更不寻常的首攻吗?”

又是一连串的小牌之后,但最后一副牌摆到桌上时,公猪的队还落后大约 3000 分。

东西有局,

北发牌

西	北	东	南
	♠Q 9 ♡K Q J 10 6 ◇A K ♣10 9 8 7		
♠— ♡5 4 3 2 ◇6 5 4 3 2 ♣Q J 6 4		♠A 8 6 5 4 ♡A 9 8 7 ◇Q J ♣A K	
			♠K J 10 7 3 2 ♡— ◇10 9 8 7 ♣5 3 2

西	北	东	南
公猪	花骡子	老爷子	卡拉赔特
	1♡	1NT	不叫
2◇	全不叫		

防守打得没精打采的,公猪混走了七墩牌。可此时此刻,讨论这个定约的结果简直是纯学术意义了。大多数旁观者在我把这副牌传往另一牌室时都走开了。充满戏剧性的落幕表演是谁都难以预料的。

叫牌进程是这样的:

西	北	东	南
巨嘴鸟	蒌莉	海象	兔子
	1♡	1♠	不叫
不叫	加倍	不叫	不叫
再加倍	全不叫		

明手的牌一摊出来，定约方的对话就揭露了，他们出现了严重的叫牌误会。

“拿三点牌就叫再加倍呀！”倍受震惊的海象大喊着：“简直是闻所未闻！”

“这是桡克·沃纳再加倍，”巨嘴鸟解释说，“这牌是最理想的了。理由太充足了。如果我认为你能打成 1♠，我怎么会再加倍呢，对不对？我就高高兴兴地不叫嘛。因此，这是 SOS 信号，要求你叫牌，随便叫……”

惊呆了的海象根本就不听他的解释，他嘴里只是重复着：“只有三个点子！”

“幸亏我这手牌非常强，这还不至于让咱们队输掉比赛。怪不得人家给咱们贴了 5000 分呢。”

兔子首攻了◇10。用◇K 赢进后，蒌莉打出了♡K，盖打的♡A 被兔子将吃了。又一张方块出给了蒌莉的◇A，跟下来就是三轮红桃，兔子垫掉了他所有的梅花。然后蒌莉就攻击梅花，兔子把定约人的♣A 将吃了。第三轮方块被蒌莉用♠Q 将吃了，海象处于进退维谷的窘境，无论他怎么选择，他只能用将牌 A 吃到一墩牌。思量半天，他选择了将牌超吃，然后打出了♣K。兔子将吃后继续打出他的第四张方块，蒌莉兴高采烈地用♠9 将吃了。

蒌莉兴奋地问：“再加倍宕六墩，这是多少分呀？宕五我知道，是 1400 分。昨天我打了个 4♡ 就是宕五，那是 1100 分，我昨天打的有点问题……”

“我们有 21 个大牌点，他们只有 19 个，”海象疑惑地摇着头，嘴里嘟囔着：“可我们怎么会只拿到一墩牌，他们倒拿了十二墩。”

“别难过了，我亲爱的沃尔特，”从另一牌室背着手漫步遛达过来的公猪一脸的宽厚：“他们毕竟还是放你的将牌 A 吃到了，是不是？你还有什么可抱怨的呢？”

第十四章 独行侠能走多远?

“你们觉得,一个新系统的名字叫做‘独行侠’怎么样?”丑陋的公猪在鹰头狮身俱乐部的酒吧间走到我们身边时问道。他一只手托着酒杯,另一只手拿着铅笔和便签簿,愉悦之情溢于言表。

“我觉得你可是一向厌恶所有系统的呀。”猫头鹰·奥斯卡感到有些诧异。

“这倒是不假,”公猪表示认可:“但请你们搞搞清楚,独行侠系统,能够把一些直截了当的叫牌法中娘胎里带来的失误或误操作完全剥离掉。‘独行侠手段’,实际上是更贴切的名字,但说起来有点拗口,有些啰嗦;独行侠就顺口多了,是吧?”

“可说了半天,这是个什么系统呢?”一头露水的企鹅插嘴了。猫头鹰也疑惑地眨着眼睛。

“给你们看几个例子吧,”公猪继续讲着:“大家马上就能亲眼见到独行侠相对于其他系统的优越之处了。就拿转移叫来说吧。这年头流行的是弱无将,所以让首攻出向强牌的理由就不那么站得住脚了。打个成局定约,说不定哪手牌更强一点呢。如果打满贯,应叫人的牌肯定更强了。但是,如果能让首攻出向水准更高的牌手,让他成为定约人,是注定有优势的;独行侠系统在这方面就有先手了。比如说,我开叫了1NT,我的同伴拿着五或六张高花。他使用转移叫,我们就能叫到正确的定约，而且由适当的牌手来主打。调换一下位置。同伴开叫了1NT,我拿着高花长套。我就直接叫,他就放给我打。用不着转移叫,我们就又让适当的定约人坐到正确的位置上了。"

猫头鹰的嘴唇就要张开了。公猪用严酷的眼神直接把他镇压了。

"A问叫,"他接着说道:"也在独行侠系统里有舒服的位置。有时候,我可能要在叫满贯之前核查一下A的数量。所以,我就提出问题,同伴规规矩矩地回答我,但是他可没权利对我提什么愚蠢的问题,并且……"

"但是,同伴要提的问题怎么就比你的蠢呢?"企鹅·流浪者听不下去了:"他同样有可能想要知道你手里有几张A嘛。"

"用不着什么A问叫,我就已经把他应该知道的都告诉他了。"公猪立即就反驳了他:"千万别犯幼稚的常见错误,以为一个普通牌手使用A问叫是想知道A的数量。A的问题其实是顺带随口说说。A问叫主要就是他们高昂情绪的发泄渠道。他们要表达的是:拿着一手好牌,我兴奋了。我觉得你的牌也不错。咱们找个高定约玩玩吧。来吧,来吧!4NT!"

"理所当然的,"公猪又说,"万事总有例外,将来独行侠系统还得配备上一个自动的刹车装置。或许,每四个小时允许同伴使用一次A问叫。假如他明白了,在下午三点半为了情绪的放纵,滥用了一次A问叫的机会,直到吃晚饭时他都不能知道同伴A的情况了,他就不会那么轻易地亢奋了。但这是以后的事。眼下嘛,严格禁止同伴使用A问叫肯定是有益无害的。

"值得注意的是,"公猪把杯子远远地伸了出去,嘴里接着说:"事情做起来总不如说起来那么简单。独行侠系统还没有简单到像数大牌点一样,傻子都能玩。"

"你难道还想阻止大家数大牌点吗?"趁着公猪对勃林格酒密切关注的机会,企鹅又插话了。

"不要数他们自己的大牌点,"公猪回答:"应该鼓励牌手们数敌人的大牌点。

这往往是高效率防守的基础。可他们得知道,自己是否有足够的点子做争叫、开叫或逆叫,但是不能借用算盘。”

“跟算盘有什么关系?”猫头鹰又提出疑问了。

“因为在这个问题上犯糊涂的人太多了。人们数起大牌点来好像它们完全相同似的,就像一个算盘,或者计算机一样不会动脑子。”公猪蔑视地又加上几句:“敌人手里拿着个双张 Q,他们认为是两点,同伴拿着个双张 J,他们认为是一点。事实呢?那张 J 可能价值两点,而那张 Q,完全有可能是负担。”

双明手防守

公猪飞快地在笔记簿上划拉起来了。纸头上还印着贵族的盾徽,我没法不认为这又是他在哪里漫不经心地随手放进自己口袋里的。

♠Q 7
♡A K 10 9 3 2
◇Q J
♣9 8 4

♠A K 2
♡Q J 8
◇10 9 8
♣J 7 3 2

北	南
	1♠
2♡	2♠
4♠	不叫

“假设你坐在西家,”公猪开口了:“你首攻◇10,同伴拿着◇AK。但是第二轮被定约人将吃了,他开始调将牌了。你们打算这样击败这个定约?”

谁都说不出话来。

“这只能说是个独行侠系统的基础练习,”公猪继续说下去:“数过了定约人的大牌点,你就能打出双明手般的防守了。他在黑桃中只能有一个大牌点,红花色里一个都没有，但他还是开叫了；所以他在梅花中至少要有九个大牌点，也就是说♣A-K-Q。假如他有三张红桃，他一定会为北家加叫，而不会再叫他那稀烂的黑桃套，因此，他的牌型只能是6-2-1-4，或者6-1-1-5，而我们防守方的第四墩牌只能是在梅花套中。”

“那南家凭什么就不能有七张黑桃呢？”企鹅发问了。

“因为，”公猪立即把他顶回去了：“那样的话他就要有硬梆梆的十个赢墩了，而防守方从来就不能按照人家的定约是铁成的做设想。该你出牌了。”公猪的语气咄咄逼人，双眼死死地盯着猫头鹰的两耳之间。

“如果他有个梅花输张，”猫头鹰试探着：“最好就打消极防守。扑上一张大牌，然后……”

“我建议先把两个黑桃赢墩兑现掉，”企鹅插了进来：“然后吐出一墩方块去。让定约人自己找他的赢墩去吧。”

“那他可就找到了，”公猪对他肯定地点了点头：“还得跟你说一声，赢墩自动就给他送上门去了。打完了一墩方块和六墩黑桃——其中两张将牌是用于将吃方块的——你就只剩下六张牌了，可是你需要七张牌，三张红桃和四张梅花。不行，这么防守可不行。必须在还有机会的时候破坏马上就要发生的紧逼。正确的防法是吃进这墩，马上回出♡8。此后，当你用第二张大将牌进手时，再打一张红桃，消灭明手的进张。”

“如果他打红桃的双飞怎么办？”企鹅争辩着。

“如果他打定主意要飞红桃，你出张方块也不能阻止他，”公猪驳斥了他：“但任何一位正常的南家在试过梅花之前都不可能飞红桃。如果他有四张梅花，找到梅花3-3分布的机会大约是一比二，他还有可能是五张梅花，怎么说都比红桃双飞要强。”

整手牌是这样的：

	♠Q 7 ♡A K 10 9 3 2 ◇Q J ♣9 8 4	
♠A K 2 ♡Q J 8 ◇10 9 8 ♣J 7 3 2	N W E S	♠5 3 ♡6 5 ◇A K 6 5 4 3 2 ♣6 5
	♠J 10 9 8 6 4 ♡7 4 ◇7 ♣A K Q 10	

“我得承认,运用独行侠系统并不总是这么容易的,”公猪继续说:“你们看啊……”

他又开始写牌例了。我看着、看着就认出这副牌来了,看见我脸上现出了微笑,公猪就要让我来给大家讲这副牌。“最好由你来讲。把相关情况都告诉他们,但暂时让西家做个隐秘的匿名者。”说到这里,他调皮地把眼角向上扬了扬。

断了双腿的独行侠

这副牌是新开的一局牌的第一副,可切牌下了桌的黑猩猩·查理还在与悲哀的兔子激烈地争论着刚刚打过的一副牌。“你可真够运气的,”他说,“但是在不利的局况,你不应该做阻击叫。这要损失起来可不得了……”

“可是我自己手里就有七墩牌呀,”兔子不服气:“我当然考虑过局况的问题了。我不过就……”

“我对打扰你们之间私密的讨论一点兴趣都没有,”花骡子·茉莉冰冷的声音插进来了:“可大家都等着打牌呢,你们大概没有意识到吧。在蝴蝶俱乐部这种行为是欠妥当的。但我不得不承认,我们那里是个只招待淑女的俱乐部。”

“就是,说得对,”有个不耐烦的观众也随声附和。兔子臊的满脸通红。

“1NT。”巨嘴鸟·蒂姆西开叫了。

“我不叫,你们的无将是什么实力范围的?”茉莉问道。

“我们打可变无将开叫，”兔子回答道：“根据局况，12~14 点，或者 16~18 点。”他嘴里说着，又把半个身子转向了黑猩猩，受刚才指责的影响，他还是转回身来开始整理自己的牌了，从他的表情看得出来他很喜欢自己的牌。我当时坐在西家的后面。

双方无局，

北发牌

北：
♠J 10 6
♡Q J
◇K 9 6 5
♣K Q J 10

西：
♠A 2
♡8 4 3 2
◇J 2
♣9 8 7 6 5

北	南
1NT	3♠
4♠	6♠
不叫	

西家首攻♣9。兔子用♣A 吃进了，打出了♠Q，吃到了，再打出一轮将牌。

西家用♠A 吃进，再打出第二轮梅花。兔子兑现了♣J，茉莉又跟出了，明手继续兑现两个梅花赢张。花骡子垫掉了♡9 和♡10，兔子扔掉了♡5 和♡6。用◇A 回手之后，兔子又打出了两轮将牌。

西家要做出重大决定了。他可以在脑海中构想兔子的牌了，他要引导茉莉的垫牌，单枪匹马地击败这个原本注定能打成的定约。

在牌局后讨论时他是这样解释的。面对一个 12~14 点的弱无将，定约人拿着个五张套直接就跳进满贯了，他至少要有 18 或 19 个大牌点，还可能更多。在黑花色中，兔子已经打出了九个大牌点，那就标明了有两张红 A 和♡K 或者◇Q。如果他的牌真是这样，十二墩牌就已经到手了，因此必须假设他有一些冒叫，手里没有♡K 和◇Q。可茉莉弄不了这么清楚。而西家有能力，且有义务承担起责任来,典型的独行侠大显身手的机会。

防守方面临着双重的危险。一个明显的危险是红桃中的飞牌,这是飞得中的。第二个,不那么明显的危险是针对花骡子的假紧逼。西家只用一招就把这两个危险都化解于无形之中了。在第三轮黑桃上,他垫了一张梅花。现在,他大喇喇地垫掉了♡8。假如兔子相信了这张垫牌,他就可能要放弃红桃飞牌,寄希望于有利的方块分布、某种紧逼或者更可能的是,他那传奇般的好运气。这一招奏效了。在他的第四轮黑桃上,明手垫去了♡J。在最后一轮黑桃上,西家垫掉了♡2。在♡K的位置上已经让兔子上了当,他现在可以告诉花骡子他在这门花色中真实的长度了,以便她在最后三张牌的残局中保留♡K和方块中的Q双张。既然兔子已经把他的♡A垫成了单张,花骡子也可以安全地垫掉她那张♡K的护张了。

此时此刻,我们可以揭露西家的真实身份了,他不是别人,真是计谋多端的老爷子。他认为自己的分析非常到家。他富有想象力的防守击败了一个不可能被打宕的定约。攻无不克的力量击碎了固若金汤的堡垒。

兔子垫掉了♡Q,明手只剩下了◇K96,该茱莉垫牌了。就像普罗米修斯看着啄食自己肝脏的神鹰一样,花骡子凄苦地望着老爷子,慢慢地,抽出了一张方块,再换成♡A,又放了回去,最终还是垫掉了一张方块。整手牌如下:

北:
♠J 10 6
♡Q J
◇K 9 6 5
♣K Q J 10

西:
♠A 2
♡8 4 3 2
◇J 2
♣9 8 7 6 5

东:
♠5 4 3
♡A K 10 9
◇10 8 7 4
♣3 2

南:
♠K Q 9 8 7
♡7 6 5
◇A Q 3
♣A 4

没错,兔子又把局况搞错了。跟黑猩猩激烈争论的,那副有局方的牌太影响他的思路了,他以为巨嘴鸟开叫的是16~18点的无将。

扔掉♡8是为了拯救花骡子于想象中的假紧逼,老爷子却为她创造了一个真紧逼。希腊人解释说,他首先是要阻止红桃中的飞牌。兔子却马上跟他说,自己根本就不会去飞红桃。

“典型的兄妹相残紧逼。”刚刚加入到观众群中的柯基犬·考林又来凑趣了。

花骡子蔑视所有让她受折磨的人，为缓和其语言的尖刻，她刻意把眼神投向了巨嘴鸟。“只要一个男人能够成为关注的焦点,其他一切就无所谓了。你们都成功了,祝贺你们！”

“独行侠系统有它自身的局限性,”当我讲完这副牌的时候,公猪又发表意见了:“当定约人手中的实力有一张 A 左右的误差时，的确不容易计算他的大牌点。”

第十五章 兔子大反击

这天晚上，丑陋的公猪有两个晚餐约会，没法赶回来参加独角兽俱乐部每周一次的双人赛。结果，悲哀的兔子只能跟花骡子·茉莉联手打牌了。可这两位谁也不愿意跟对方打，企鹅颇费了一番外交手段才让这二位面对面坐下来。

这对组合的确没什么幸福感。花骡子对敌手的刻薄语言让兔子倍感难堪。花骡子也憎恨兔子啃巧克力杏仁饼干的习惯。“最烦人的就是弄一身饼干碎屑了，”她坦率地对兔子说，“而且，我觉得你随时都有可能把樱桃白兰地撒到我的手提袋上。”

一副、一副地打下来，兔子出了不少错，但事后分析发现花骡子犯的错误更多。因此，当他们走错了一两桌之后，终于找到了正确的桌子，遇到老爷子和卡拉赔特时，两个人的脾气都有些按捺不住了。“男人，哼，根本就没有方向感。”花骡子把头扭向一把空着的椅子，大声说。

我就坐在兔子的后面看牌。这是他们的第一副牌：

南北有局,

西发牌

♠A 7 4
♡7 2
◇Q J 10 9 8
♣6 5 4

♠Q
♡K J 10 9 8 4
◇5 4 3
♣9 7 2

西	北	东	南
花骡子	卡拉赔特	兔子	老爷子
3♠	不叫	不叫	加倍
不叫	4◇	不叫	5♣
全不叫			

茉莉首攻的♠K 吃到了第一墩。看到了兔子跟出的♠Q,她立刻继续出♠J。

当老爷子扑上明手的♠A 时,花骡子已经急切地把手伸了出去,这是盘式桥牌牌手准备收取这墩牌的标准姿态。

兔子心里很不舒服。你看呀,这个花骡子不仅要告诉他别吃什么、别喝什么,居然还要替他做主让他出什么牌了!太过分了。慢慢地,假作思考状,兔子跟出了♡10。然后,挑衅的眼光直射折磨他的人,兔子把杯子里的樱桃白兰地一饮而尽。

花骡子强压怒火,狠狠地咬着自己的嘴唇。

老爷子丝毫也没掩饰他的失望,兑现了♣A,打出了♡A 和一张小红桃,茉莉先跟了♡Q,然后垫掉了◇2。兔子吃进了第二墩红桃,抽出了一张方块,放了回去,摸了摸♣9,最后打出了第三张红桃给茉莉将吃。整手牌如下:

	♠A 7 4 ♡7 2 ◇Q J 10 9 8 ♣6 5 4	
♠K J 10 9 8 6 5 ♡Q ◇7 6 2 ♣10 8	N W E S	♠Q ♡K J 10 9 8 4 ◇5 4 3 ♣9 7 2
	♠3 2 ♡A 6 5 3 ◇A K ♣A K Q J 3	

老爷子一开始就意识到定约的前景欠乐观了，除非他能把方块套的赢墩都取到。可他怎么才能到明手呢？先是红桃，然后是方块，有可能连出三轮吗？实在没什么机会。将牌如果是 4-1 分布就不用想了，但是，花骡子不太可能有三张，如果拿着三张将牌的兔子用一张将牌来将吃，明手的第三张梅花就是进张了。故意输掉♠A 却能换来取三墩方块的通道。

无意之间，兔子由于跟同伴赌气而打败了这个定约。

“哼，原本应该是宕二的，如果……”花骡子还是不依不饶的。但当她看到了随牌记录后，马上转移了话题：“赶紧打下一副吧，要不然大家都得等咱们了。在蝴蝶俱乐部，”她又添上一句：“我们都是非常体贴他人的。”

越序把戏

还是跟着兔子和花骡子看牌，我又有幸看到了他们与鹭鸶和黑猩猩对垒的一组牌。打第一副牌的时候非常安静，我们只能听到节奏清晰的啃巧克力杏仁饼干的声音。当大家都从牌套里抽出了下一副的牌时，黑猩猩和兔子还在讨论前面一副牌呢。

“假如你开叫的是 1♣，这牌就好叫多了。”黑猩猩说。

“那我就没法表达我第二个套了。”兔子争辩着：“不行，我还是得开叫 1◇。”

“加倍。”鹭鸶说。

“越序叫牌了，”茱莉立刻指出来了。“你要是肯花点时间看看牌套，就应该知道我才是开叫人。”她的眼神恶狠狠地盯着鹭鸶那闪着光的夹鼻眼镜。

“你同伴先叫的 1◇。”鹭鸶发出的嘶嘶声也不很友善。

“是我叫的 1◇，但这是上一副牌的事了，”兔子指出了他的错误：“当然了，我们无意占这种便宜……”

“别说我们，我有什么想法自己会表达出来的，”茱莉打断了他，对于任何男性主导的情况她的反应既快又坚决：“得承认，这一大堆愚昧的关于昨天打过的牌的废话是很容易让人分心，但你的同伴跟我的同伴要承担同等责任。我叫 3♣。我认为教授先生，”花骡子讥讽地把嘴唇翘了起来：“您是对规则了若指掌的。我看，眼下的情况是可以套用盘式桥牌规则的，或许您能帮个忙，背一下相关的段落？”

鹭鸶耳朵两侧乱蓬蓬两簇毛愤恨地树了起来，他的喉结也凶恶地向前凸了出来；但他还是克制着自己的情绪，以平静的尊严来应对讥笑和讽刺，逐字逐句地背诵了规则的第三十一条：“……如果轮到违规者的左手敌方叫牌，违规者的同伴在每次轮到他叫牌时均不得叫牌……”

如此一来，黑猩猩·查理就没法加入叫牌了。茱莉的定约宕了两墩，没人加倍，而对方可以稳稳地打出 3NT 或者 4♡。茱莉得意地哼哼起来。兔子的脸都臊红了。第三副牌是这样的：

双方有局，

北发牌

北	南
2NT	3♣
3◇	3♡
4♡	不叫

鹭鸶的3♣应叫是拜伦约定叫，要求同伴自下而上地叫出他的四张套。

茉莉首攻的是◇2。鹭鸶让明手出小，用◇K捉住了兔子的◇8。接着就是四轮将牌。花骡子只跟出了一张，垫了三张黑桃。第六墩时，鹭鸶从明手出◇5给自己的◇Q。茉莉用◇A吃进后换攻♠9。鹭鸶让明手放上♠J，而兔子，还为刚才的那副牌闷闷不乐，他已经把♠Q抽出来了，却又被一个念头打断了。他突然有了个奇妙的想法。仅仅由于他漫无目的地瞎聊天，不知不觉地，竟然沦为了一个不名誉花招的帮凶。对手一个局竟然被骗掉了。猛然间，他找到了一个解决的办法。为弥补对手在上一副牌中得到的底分，他可以在这副牌中送给被亏待了的对手一个顶分。得到心理慰藉的他用♠A赢进了♠J，并把自己的♠Q出给了明手的♠K。

花骡子的双眼都要瞪出火来了："在蝴蝶俱乐部，如果有人成心葬送一个定约……"她的嗓音透着忍无可忍的焦躁："当然，我们那里根本不可能发生这种事。"

鹭鸶兑现掉了♣AK，希望把♣Q打下来，未果，再打出◇J，希望◇10能够跌出来。当他所期待的事情都没发生时，他狠呆呆地嗞嗞了一阵，投降了。

"还是要宕一，尽管你那不遗余力地努力，"花骡子对兔子说："在我们蝴蝶俱乐部……"

"算了吧，茉莉，"肚子里塞满两顿晚餐的公猪志得意满地回来了，他插话说："你应该看得出来，只有兔子这种出神入化的防守才能打宕这个定约。如果他先吃♠Q，再吃♠A，他就不得不用一张梅花脱手，无论他出哪张，教授都打不错。定约人就有了回手的进张，而♠10就是他的第十墩牌。"

黑猩猩清了清嗓子。

"你又错了，"公猪及时地阻止了他："你以为兑现♠A之前先换出一张梅花就能避免提升♠10吗？别做梦了。定约人可以在明手，而不是自己手里赢进这墩梅花，自己出♠K，和前面一样，还是要把东家投入的。打得不错，兔子。无论你的本意是怎样的，你充满想象的防守把一个原本打不宕的定约弄成了一个没法完成的定约。”公猪嘎嘎大笑起来。

整手牌如下：

	♠K J ♡A K Q J ◇J 9 5 4 ♣A K 3	
♠9 8 7 6 5 3 ♡2 ◇A 10 7 2 ♣4 2	N W E S	♠A Q ♡10 7 6 4 ◇8 6 ♣Q 10 7 6 5
	♠10 4 2 ♡9 8 5 3 ◇K Q 3 ♣J 9 8	

“很自然，男人们总是臭味相投的，”花骡子气呼呼地说：“只要有一位女士……”

“你至于笑得这么前仰后合的吗？”鹭鸶忍不住了：“不过就是一个原本能打成的定约被一个疯狂的、杂耍般的防守碰巧弄宕了嘛。”

“的确，”公猪表示赞同：“要不是无论怎么防守，我都能打成这个定约，这副牌就没这么可笑了。”

“可是你刚刚才说过，碰到兔子这样如有神助的防守，定约是打不成的呀！”黑猩猩也要争辩了，他已经烦躁不安地憋了好一阵了。

“就是打不成呀——我说的是教授，刚才不是他在主打这副牌吗。”公猪幸灾乐祸地说：“看来，他以为这副牌里有十四张梅花，如果不是十五张的话。而我，坚定地认为这副牌里只有不多不少，正好有十三张梅花。既然兔子用♠A吃了♠J之后又回出♠Q，他手里不可能还有黑桃了。他有四张红桃。再打出◇J就能证实，其实这之前我就知道了，他只有双张方块。因此，兔子必定有五张梅花，而茱莉只有两张。兑现掉◇J和♣AK后，我会借◇9脱手。茱莉吃进这墩牌，但她最后一张牌一定是张黑桃，我就有了第十墩牌了。请千万别误会我的话，"公猪要作总结性发言了："当我说一个定约打不成时，并不意味着连我都没法打成。"

兔子沉浸于冥思苦想中。这事可真怪了。茉莉，一心想打宕这个定约，却以最好的防守让人家把定约混走了；自己一心想把定约送给人家，恰巧又弄出了唯一的防守打宕了定约；而鹭鸶费尽苦心要完成定约，又刚好把定约送回来了。那么，到底是谁赢了呢？显然是公猪，可他根本就不在桌上。多奇怪呀，简直是不可思议。

第十六章
厄运的特质

“这个座位没人吧？”当我坐下来吃午餐时，卡拉赔特问道。

相当于第一墩就被人家投入了，无路可逃的我，耳朵免不得要被生生灌入半个小时的厄运故事；往常，卡拉赔特只能向我们的酒吧侍者麻鹬倒苦水。尽管从来不打桥牌，但麻鹬是个出色的聆听者，他每听一个悲惨的故事预计可收费五镑，据说他坚持按这个价格收费。我暗自掂量着，这个价格可不算高，于是我自己也在肚子里集结了一堆苦难的故事。

进攻就是最好的防守，我要采用的是先发制人的策略。在《费加罗报》上看到的一个例子很适用，只要稍加渲染一定效果不错，我立刻对卡拉赔特讲开了：“那天，一个私人牌局上我可碰到一副妙不可言的牌。只有从将牌的双张K中首攻K才能打败一个大满贯，而且……”

嘴里的第二口鳄梨慕斯迫使我稍稍停顿了一下，亚美尼亚人立即插话了：“像这样奇特的首攻不过是种赌博，所以如果没打出来也犯不上牢骚满腹。可你看啊，假如你做出了最佳首攻，但这恰巧是唯一送成完全没希望的定约的出法，你该作何感受呢？”

“非常的不走运！”我只得嘟囔着应答着。

“不走运！”亚美尼亚人重复着我的表述：“我早就习惯了。厄运的特质就是要折磨人。每张纸牌都跟我开玩笑。我知道你们总是嘲笑我，但好几代祝力克杨人已经被笼罩在魔咒中了。传说中的预言一次又一次地被重复验证。自从女巫阿拉拉特施展了她的魔法……”

“我知道，我全知道，”我赶紧打断了他。鹰头狮身俱乐部的每个会员都对这个女巫的事情不陌生。“又有什么事情发生了？”我恭顺地问。既然已经被堵在死胡同里了，表现得友好一些总算不上有什么损失了。

从黑皮革封面的笔记本上撕下一张纸来，卡拉赔特草草地写下了这手牌：

♠986　♡—　◇Q107632　♣Q965

“你是西家。人家以这样的进程叫到7♡，你首攻什么？”

北	南
	1♠
2◇	3♡
5♡	5NT
7♡	不叫

我嘴里满是鳎目鱼片，一时说不出什么来，但卡拉赔特也未必诚心诚意地等我的答案。

“同伴，”他接着说：“不可能是方块缺门，否则他就可以加倍了，但定约人倒有可能是缺门；果真如此，首攻方块就送他一个自由飞牌了。我才不会攻方块呢。要是防守6♡定约，攻梅花是有些道理的，但防守大满贯就肯定不对了。我手里没有红桃，那么就只剩下黑桃了。”

“敌人是打五张高花开叫的吗？”提出这个问题主要是证明我还在专心地听着。

“不是，”卡拉赔特回答道：“但无论怎么说，假如定约人需要黑桃飞牌，他自己也能飞。那么，攻什么？”

我举了举手里的莫尔索葡萄酒杯，示意认可他的分析。

“那你同意我首攻♠9了？”亚美尼亚人紧追不放。我点了点头。

“除此之外，还有什么合理的选择吗？”他还没问完。我又摇了摇头。

“那你就等着瞧吧！”卡拉赔特一边填写其他的牌张，一边提高了声音说。“♠9恰恰就是你十三张牌里唯一致命的。”

	兔子 ♠J 10 2 ♡A Q J 2 ◇A K 8 4 ♣3 2	
卡拉赔特 ♠9 8 6 ♡— ◇Q 10 7 6 3 2 ♣Q 9 6 5	N W E S	花骡子 ♠5 4 ♡10 8 6 4 3 ◇J 9 5 ♣J 8 7
	公猪 ♠A K Q 7 3 ♡K 9 7 5 ◇— ♣A K 10 4	

就在我研究这副牌的时候，亚美尼亚人向我展开了这个悲惨故事的过程。

“公猪，就是庄家，用♠Q赢进第一墩后就出了张将牌给A，发现了5-0的恶劣分布。很自然，他立刻就意识到了，唯一的希望就是要兑现了他在副牌中的所有赢墩，并交叉将吃到底。但是，如果茉莉，像本例中的实际情况一样，没有第三张黑桃怎么办？为了蒙骗她，公猪又要耍他那套典型的无中生有的花招了。兑现过♣AK并用♡2将吃了一墩梅花后，他取了♠J，用◇AK垫掉了手里的♠AK，又打出了♠10。花骡子相信，在这样花哨的垫牌之后，公猪已经没有黑桃了，就没有将吃。此后就一帆风顺了。

“仔细看啊，”卡拉赔特继续说，“假如我首攻的是任何一张牌，基本是♠8或者♠6，茉莉都能弄明白这副牌是怎么回事，当我跟出第二轮黑桃的时候，总有♠9或者♠7是看不到的，公猪的把戏就露馅了。”毫不掩饰地叹了口气，卡拉赔特深深地靠在椅子里，那架势像是在邀请我分享他的灾难。

丑陋的公猪路过我们这张餐桌，一眼就认出了这副牌，随即发出了善意的嘲讽。

“我是不相信什么超自然能力的,”卡拉赔特说:“但我得跟你说,邪恶的魔鬼,魔力……”

“恶魔当然是存在了,” 公猪插了进来,“我一贯认为你总是太放纵魔鬼了,可是,你别老是赖中世纪的女巫。你们那个灾难的责任完全是花骡子造成的,请你别老想打断我的话,”看到卡拉赔特的嘴唇分开了,好像要说点什么,公猪立刻制止了他:“无论你出哪张黑桃,我总是有五张黑桃的。”

“可你们不是打五张高花开叫的呀。”亚美尼亚人还是不认同。

“没错,”公猪表示同意:“但我手里还是得有十三张牌呀,如果我手里没有方块,我的五张套应该在哪里?茉莉知道这不可能是红桃,那么我有可能拿着4-4-0-5的牌型开叫1♠吗?所以,做人要公平。可别赖错了女巫。你们那位亚美尼亚早年的女孩跟这事一点点关系都没有。”

瞬间,意识到这个苦难不是由于自己的错误造成的,他有了解脱的感觉,一丝惨淡的微笑挂到了他的嘴唇上。但这个短暂瞬间的放松马上就被一声哀叹驱散了,无论错是谁犯的,损失同样惨重,与此同时,他最辛酸的一次厄运还被剥夺了。

老账清算

没过多久,亚美尼亚人就又落在了大满贯定约吃亏的一方了,而且这次,看起来也不像是阿拉拉特的女巫,而是小妖精对桌上的四位牌手轮流施放了魔法。

与生物诡辩术的名誉教授,大家口中的鹭鸶搭档,卡拉赔特的对手是悲哀的兔子和巨嘴鸟·蒂姆西。一个二流的防守之后又是一个次等的定约,使双方都成为了有局方。然后这副牌出现了:

双方有局，

西发牌

	♠2 ♡A K Q 10 9 8 ◇10 9 8 ♣K 7 6	
♠— ♡J 5 ◇5 4 3 2 ♣A Q J 10 9 8 5	N W E S	♠10 6 5 4 3 ♡7 6 4 ◇7 6 ♣4 3 2
	♠A K Q J 9 8 7 ♡3 2 ◇A K Q J ♣—	

“暂停叫牌！”发牌人，坐在西家位置的卡拉赔特准备要做阻击叫了。

“1♡。”巨嘴鸟还是叫牌了，而几乎在同一秒钟内，鹭鸶就喊出了不叫。

坐在卡拉赔特两边的两位旁观者，齐刷刷地扬起了他们的眉毛。在旁边一桌做明手的黑猩猩·查理，也注意到了这一状况，惊讶地张大了嘴巴。这个把规则的实施当作桥牌最重要组成部分的鹭鸶，怎么可能如此随意地放纵一个越序叫牌呢？如果这几位看到了鹭鸶手里的牌，他们就不会这么吃惊了。他最不想听到的，就是同伴做出阻击叫，而巨嘴鸟提供了一个阻止同伴的机会。

亚美尼亚人狠狠地瞪了教授一眼。任何一个牌德良好的同伴都会这样做的，可卡拉赔特做得更进了一步，在兔子叫2♠之后，他沉着地再次喊了“暂停叫牌！”随后，把坚定的目光投向鹭鸶的夹鼻眼镜，坚决地叫出了“4♣”。可对于阻碍敌方叫牌进程来说，已经太晚了，不到一分钟，兔子就成为了7♠的定约人。

卡拉赔特该首攻什么呢？他唯一的防守实力就是在将牌中的缺门，表示着恶劣的将牌分布。逼迫定约人将吃看来是最有利的防守路线，而毫无疑问的是，兔子的梅花一定是缺门。他应该首攻♣A 吗？稍加思索，他找到了更妙的攻法。如果鹭鸶有♣K，攻什么都无所谓，但如果♣K 在明手呢？那么，首攻♣A 就会白送定约人一个赢墩。算定了没有人会认为对抗大满贯定约的防守人会从 AQ 结构中首攻 Q，卡拉赔特精挑细选了♣Q 作为他最具想象力的首攻。看到♣K 躺在明手,他几乎忍不住要微笑了。

兔子在片刻之间就数到了十四个快速赢墩,如果♡J能被击落,他就有十七个赢墩了。第一墩出什么根本就没区别,但是,作为一个优秀传统的忠实继承者,他自然而然地扑上了♣K,用大牌盖打大牌嘛。鹭鸶肯定是要出♣A的,他从手里预备好了♠7并把它高高地举在半空中,当他看到鹭鸶出的牌时,他再试图收回这张♠7已经来不及了。他的脸一下就红了,这张牌已经跌向桌面,牌面向下扣在了桌上。

教授把它翻了过来。“这是已经打出的牌张。”他冷冰冰地宣布。

“牌面本来是向下的。”巨嘴鸟提出了异议,他要忠实地维护兔子的利益。

“规则,”教授驳斥了他的说法:“对牌面向下的牌张没有例外的规定。只要出牌者的本意……”

“都别这么啰嗦了,”兔子打断了他们的争论:“你们要是愿意的话,我把这张K将吃两次都没问题。丝毫区别都没有。”把这墩牌收起来之后,他马上打出了♠A,卡拉赔特垫出的梅花让他吓了一跳。

“你没有将牌吗?”他发问了,为了确定这个事实,他又继续打出了♠K,从明手垫去一张方块。亚美尼亚人还是跟不出将牌来。

兔子慢慢地点着头,对于这样不幸的将牌分布他暗自有些得意。尽管他可以坦诚地否认自己在算术方面有任何傲人的技巧,但在桥牌更高级的技术层面,他仔细研读过好几书架深不可测的桥牌书。其中许多书里都有缩短将牌的章节,兔子早就烂熟于心、倒背如流了。他原本比鹭鸶多出两张将牌。因此他需要将吃两次,在最终进入明手出什么赢张迫使鹭鸶将吃之前,要把他的将牌减少到同样长度。所以明手就需要有三个进张。兔子忽然慌了神了:他只能数到两个进张,可他转眼间又醒悟了,将吃了♣K等于是个进张。其余的就简单了:他用♡A渡到明手,将吃了一墩梅花。再用♡K过手,连打红桃赢墩,垫去手里所有的方块赢张,直到鹭鸶手里只剩下将牌了,不得不将吃。手里拿着♠QJ9坐在鹭鸶的后面，兔子拿到了他的十三墩牌。

卡拉赔特忧郁地、直勾勾地看着鹭鸶说："在咱们的前世，我一定是把你得罪深了，教授。甭管怎么说，你得承认，这回你可算报了仇了。你要是不拦着我的阻击叫，他们是叫不到7♠的。你要是不如此坚决地让人家没来由地将吃掉♣K，他们这个定约还真就打不成了。在一副牌里，你竟然让我损失了两个大满贯，叫牌里一个，打牌里又是一个。咱们前世的老账总算清了吧？"

第十七章 发给定约人的信号

“你们是否问过自己，”公猪开口了：“如果高贵的、卢梭时代的原始人打起桥牌来会是什么样的？”

品尝过了鲑鱼慕斯，又吃过了香橙鸭胸，公猪飘飘然地进入了哲人的境界。罗曼尼康帝·圣维凡葡萄酒之后又换上了德拉福斯波特酒。手中转动着高脚杯，他继续说道：“充满天赋而没来得及堕落，激情饱满且未受现代文明的污染，他们根本就没听说过什么A问叫、莱特纳尔加倍、转移叫、反意加倍……”

“那么，”猫头鹰·奥斯卡插话了：“尽管他有自然天赋，恐怕在找搭档方面有相当的困难吧。”

“非常肤浅的看法，”公猪当场否定了这个说法：“顶级的牌手之间用不着什么约定叫或叫牌装置就能建立成功的合作。他们有自己的一套办法。两位尊贵的原始人，打过几千副牌之后，用不着规定谁该怎么打。而且他们会比那些崇拜复杂技巧的牌手们更难对付。首先，他们就不会每张牌都给同伴发什么张数信号，他也不会……”

“我想，你该不会反对打信号吧？”猫头鹰提出了质疑。

“对于适当的信号我并不反对，”公猪对答如流：“但对一般的牌手来说约束性太强了，他们打信号时不会动脑子，不会问问自己，这信号有什么用处。只要他们能把正确的信息发出去，无论接受的人是同伴还是敌人，他们都觉得很幸福。手段和目的之间差得太远了。就拿晚餐前最后一盘牌来说吧。”

老爷子和卡拉赔特在打这副牌之前已经有个不成局的小分了。

双方无局，

南北 40 分，

西发牌

西	东
♠K 4 3 2	♠Q 6
♡A	♡7 4 2
◇A K 4 2	◇Q J 10 9 6
♣J 8 7 5	♣A 9 6

西	北	东	南
公猪	老爷子	兔子	卡拉赔特
1◇	加倍	3◇	3♡
4◇	不叫	5◇	全不叫

“我也就是多叫了一阶而已。”兔子一面表达着歉意，一面摊出了牌。

老爷子首攻♣2，明手放小，卡拉赔特用♣K 吃进了。回出的是♡5。

“这烂定约叫的！”一个旁观者说。

“唯一的机会，”另一位发表评论了：“就是要铲掉♣10。如果南家原本拿的是♣K–10 双张，定约人的梅花结构还真能打成。”

吃到了♡A 后，公猪在第三墩上打出了一张黑桃。老爷子的♠9，明手的♠Q 和卡拉赔特的♠8 完成了这墩牌。公猪用◇K 将吃了一墩红桃，用一张小将牌出给◇9，并用◇A 将吃了最后一张红桃。用他手里最后一张将牌渡到明手后，他兑现了剩余的三张将牌，达成了这样的残局：

西	东
♠K	♠6
♡—	♡—
◇—	◇—
♣J 8	♣A 9

老爷子,跟出过♡9、♡10和♡J,只有一张将牌的他,要垫掉四张牌。他扔掉了♡K、♠10、♠J和♣3。拿着三张将牌的卡拉赔特,垫掉了♡Q和♡8。老爷子手里最后的三张牌是什么呢?如果他的♣Q成了单张,打出♣A就能击落她。反过来,如果他的♠A是单张了,正确的打法就是用黑桃投入他,逼迫他从带Q的梅花结构里出牌。

连眨眼的功夫都没用,公猪就让明手出♣A,击落了♣Q。

“打得漂亮。”一个旁观者以崇拜的口吻赞赏道。

“猜的真准。”另一位也评论了。

公猪不满意地看着他们:“世界上顶尖的十几位牌手,”他一板一眼地对他们说:“都会打成刚才这个三张的残局,而且我向你们保证,谁也用不着猜来猜去的。”

当公猪畅饮着葡萄酒,回忆这手牌的时候,猫头鹰又问起了他为什么这么有把握♣Q会被打下来。“应该说,”他心怀疑问:“首攻的♣2很可能是从四张套里攻出来的。是不是这样?我说对了吗?”

“在第一墩时,或许是的,”公猪回答:“但是此后,卡拉赔特规规矩矩地用信号标明了他的牌型。他先告诉我他拿着五张红桃,出的是♡5,然后跟的是♡3。无论如何,所有的红桃都是数得清的。更要紧的是他打出的♠8。无论他另一张黑桃是♠5还是♠7,他显然是在以大-小信号来表明他拿着的是双张。因此他在高花里拿着七张牌。他有三张方块,手里只剩下三张梅花的位置了。每张牌都被定了位了。”

这手牌的全貌是这样的:

	♠A J 10 9 7 ♡K J 10 9 ◇3 ♣Q 3 2	
♠K 4 3 2 ♡A ◇A K 4 2 ♣J 8 7 5	N W E S	♠Q 6 ♡7 4 2 ◇Q J 10 9 6 ♣A 9 6
	♠8 5 ♡Q 8 6 5 3 ◇8 7 5 ♣K 10 4	

“长久以来,”公猪继续说道:“防守人在给定约人发信号。要知道,这通常对定约人是有益而无害的。信号这玩意真是意思不大。万事都同理,一项善举,其回报就在于自身,它不会伤害到谁,但是……”

没有威胁张的紧逼

公猪嘴里还在说着,就在菜单的背面写下了一副牌:

南北有局,

北发牌

北:
♠A 7
♡A K J 7 6 5
◇Q 6 4
♣9 7

西:
♠5 4 2
♡Q 10 9 8 2
◇A 10 9 3
♣2

东:
♠K Q J 10 9 8
♡—
◇J 8 5 2
♣8 5 4

南:
♠6 3
♡4 3
◇K 7
♣A K Q J 10 6 3

西	北	东	南
海象	兔子	花骡子	公猪
	1♡	1♠	3♣
不叫	3♡	不叫	4◇
不叫	4♠	不叫	5♣
不叫	6♣	加倍	6NT
全不叫			

“我原本就想打6♣了,但既然得到了首攻会遭到将吃的警告,自然而然地就转打6NT了。

“海象首攻了♠5。由于◇A还在外面,我只能扑上♠A了,接着就打出了♡A,证实了缺门的位置。随后,我就连续打出了我的七张梅花。红桃里的飞牌已经是标明的,我已经有十一个快速赢墩了,我要寻求紧逼来制造第十二墩,准确地说是三门花色紧逼，红桃、方块和黑桃。”

“黑桃？”猫头鹰重复的时候，疑惑地把眉头紧紧地皱起了：“可你在黑桃里根本就没有威胁张呀！”

“我倒是没有，”公猪也同意这个说法：“但是如果海象不保留一张黑桃，当我用◇A 把他投入的时候，他就没有脱手张了。被挤掉一个脱手张与被挤掉一个赢张是完全相同的。所以说，事实上，威胁是存在的，即便我没拿着威胁张。五张牌的残局是这样的：

	♠— ♡K J 7 ◇Q 6 ♣—	
♠2 ♡Q 10 9 ◇A ♣—	N W E S	♠K Q ♡— ◇J 8 5 ♣—
	♠6 ♡3 ◇K 7 ♣3	

“看到了吧，”公猪又说，“沃尔特束手无策了。他垫掉了一张黑桃。我已经垫了明手的♡7，这时候再出一张方块，他就只能回一张红桃给明手的间张了。”

“可这跟信号有什么关系呢？”猫头鹰问。“难道海象用信号标明了他有◇A 吗？”

“当然了，”公猪回答道：“每个汗毛孔都散发着实力，他先扔掉了◇10，然后是◇3，最后是◇9。在此处没什么区别，如果◇A 在茉莉，东家的手里，定约怎么都打不成。他可以放心大胆地打信号。这副牌的要点就在于茉莉要求首攻红桃的莱特纳尔加倍。”

“这个加倍又错在哪里呢？”猫头鹰提出了不同的看法：“手里拿着缺门，加倍是很自然的。”

“错就错在这里了，”公猪把他顶了回去：“太没脑子了。没有得到期望中的首攻，倒把我们赶到一个茉莉没有防守把握的定约上去了。如果对抗 6♣，海象也有可能自己找到红桃首攻,其本意不过是为了造成我连通上的困难。多少还有个机会。对抗 6NT 定约,他攻什么都无所谓了,就茉莉来讲,她倒是也不在乎了。高贵的原始人根本就不会叫加倍,而他高贵的同伴毫不犹豫地就能攻出一张红桃来,而我就只好认宕了。

“如同贝多芬所正确地指出的——或许是波提切利说的?——浅学即止害死人呀。要是我说可就直接多了,‘告诉同伴的太少,总强于告诉定约人的太多了’。”

第十八章 闪电的双击

酒神挚友队正在兴高采烈地庆祝呢。比赛打到一半还落后的他们，发动了令人目眩的反击，在最后一副牌上打败了他们的老对头，圣斯文森老友队。扭转败局的英雄是海象·沃尔特，他完成了两个至关重要的局定约，而希腊人老爷子全打宕了。

"这些专家们打得没有他们想象中那么厉害，"海象一面兴致勃勃地给大家倒酒，一面传授着自己的心得："只要手里有大牌点，我拿起赢墩来跟他们一样痛快，比其中某些人还要利索些呢！"他说到这儿，意味深长地扮了个鬼脸。在酒吧的另一端，郁郁不乐的卡拉赔特把杯中剩下的菲奈特·布兰卡出产的苦啤酒一饮而尽。"人们总说，闪电不可能把同一个目标击中两次，麻鹬，"他在向酒吧间的侍者抱怨："也许他们说的对。但是兔子运用娴熟的手段他们一定没有考虑到，说不好，连兔子自己也未必意识得到。"

"先生，这一定是非常烦人的事。"麻鹬表达了他的同情，这位可是我们所雇用过的最有造诣的悲惨故事聆听者。没错，确实很贵，但他的"费用"逐渐得到了众人的谅解，的确"物"超所值。从皮夹子里抽出一张挺括括的十元大钞，亚美尼亚人就开始讲述最要紧的那一节牌里折磨人的故事了。我当时恰巧就坐在海象·沃尔特后面观战，他的搭档是巨嘴鸟·蒂姆西，对手是花骡子·茉莉和黑猩猩·查理。

双方有局，

西发牌

	♠A K 3 ♡K 10 5 ◇10 7 2 ♣A J 9 2	
♠7 5 2 ♡J 9 6 4 ◇Q 8 3 ♣Q 7 6	N W E S	♠6 4 ♡Q 7 3 ◇K 9 6 5 4 ♣8 5 3
	♠Q J 10 9 8 ♡A 8 2 ◇A J ♣K 10 4	

西	北	东	南
花骡子	巨嘴鸟	黑猩猩	海象
不叫	1NT	不叫	3♠
不叫	4♠	不叫	6♠
全不叫			

茉莉首攻了一张将牌，海象马上风卷残云般地取了十二墩牌。

“平牌，”茉莉说，“飞对了梅花，天使长迦伯列也惹不起这个定约。”

但是，在另一牌室里，老爷子和卡拉赔特对抗公猪和兔子时，这副牌出现了意外。

坐在北家的卡拉赔特也开叫了1NT，但是，在老爷子的3♠之后，他扣叫了♣A，从逻辑上说是同意了黑桃为将牌的。此后，在老爷子叫出4◇时，他没什么可叫了，就以4♠止叫。当老爷子研究他下一步的行动时，兔子还在忙忙叨叨地整理自己的牌，他要把红花色的牌和黑花色的牌相间着放，一个不留神，◇K掉出来了。

兔子刚刚来得及惊呼：“噢，我的天呐！”希腊人就信心十足地叫出了6♠。大家都不叫了。老爷子气度优雅地点了一下头，对他的对手们说了：“如果是玩盘式桥牌，我可不愿意占人家暴露牌张的便宜。大家都乐意把这种麻烦交给鹭鸶之类家伙去处理。但是，在队式比赛中，我们首先要对全队的利益担负责任，因此，我恐怕得要求你们首攻一张方块了。”

公猪首攻了◇3。老爷子用◇A 捉住了◇K，调完将牌后送出一墩方块，建立了明手的◇10。公猪用◇Q 进了手，回出了第三轮方块，希腊人垫掉了他的♡2，此时此刻，出现了一个在另一桌根本不存在的，老爷子原本未曾预见到的问题。需要四墩梅花的海象，自然而然地打出♣K，再飞西家的♣Q。由于有了暴露张，得到了意外的一墩方块，老爷子只需要三墩梅花，因此他两面都可以飞。飞哪边呢？从表面上看，没有什么迹象，但是像老爷子这样技术全面的专家有的是手段，先兑现两墩大红桃以获得额外的紧逼机会，哪个防守人拿着♣Q 和♡QJ 或任意五张红桃就要受挤。就这样，小心翼翼地在梅花里做了解封，他打成了这样的残局：

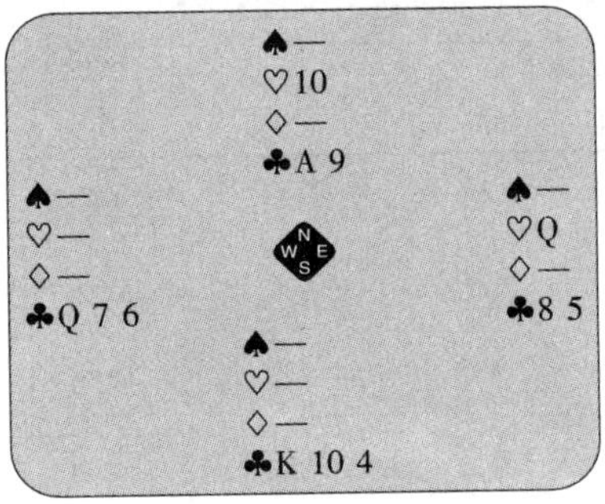

宕一。

“在另外一间牌室里，”痛苦的卡拉赔特小声嘀咕着：“很少人有足够的水平把这副牌打宕了。咱们的领先优势去了一半了。”

公猪是第一个表现出怜悯心的：“你打得完全对，狄密斯托克利，而且，这免于让你陷入占违规行为便宜的尴尬。对你来说，精神上是个大幅度的升华。真的，我完全能体会你的感受。”

茉莉投降了

当最后一副牌摆到桌上时，圣斯文森俱乐部在总分上还领先 430 分。我仍然坐在沃尔特背后看牌。

南北有局，

北发牌

北：♠9 7 5　♡J 4　◇A K 10 8 6　♣A 9 4

西：♠K J　♡K 7 5 2　◇Q 9 4 2　♣Q J 10

东：♠10 8 6 4 3 2　♡3　◇J 3　♣8 7 6 5

南：♠A Q　♡A Q 10 9 8 6　◇7 5　♣K 3 2

西	北	东	南
花骡子	巨嘴鸟	黑猩猩	海象
	1◇	不叫	2♡
不叫	3◇	不叫	3♡
不叫	4♡	不叫	4NT
不叫	5♡	不叫	6♡
全不叫			

茉莉首攻♣Q，海象呆呆地看着明手，心事重重。如果将牌飞到了，这个定约的成败还要靠方块的友好分布或飞黑桃的结果。这要求实在有点高，他心里急切地希望手里再能长出几个关键位置的大牌点来。海象无可奈何地扑上了♣A，拉起♡J，飞给了茉莉的♡K。回出的又是一张梅花，定约的前途可没什么光亮了。海象一张又一张地出着他的红桃，谁也拦不住悲惨时刻的到来，但是海象总有权利多拖延一阵子吧。

黑猩猩漫不经心地跟着牌，而茉莉却显得很紧张。在第五张红桃上，她扔掉了一张方块，在第六张红桃上，她放弃了♣10。海象，二十岁刚出头就退休了的会计师，受到了足够的专业训练来注意这类情况。现在，只要直截了当地把黑桃飞中了，定约就到手了。打出一张梅花，把出牌权交到了明手，他正要飞黑桃，茉莉扔掉的♠J让他吃了一惊。假如是公猪或者老爷子打出的这张牌，海象会满腹狐疑的，但茉莉的天性可容不得这样花哨的玩法。她垫掉的♣10已经触动了他的潜意识，♠J则把信息传达得更清晰了。海象·沃尔特居然把花骡子·茉莉给紧逼了，这可真是喜出望外呀！摆足了姿势，海象把♠A拍到了桌上，茉莉投降了。

海象后仰在椅子里，淡蓝色的眼睛里洋溢的都是志得意满。除非老爷子在另一桌也玩得这么漂亮，酒神挚友队这场比赛就算是赢定了。

在叫牌中的紧逼

老爷子和卡拉赔特以同样的进程叫到了一模一样的定约。在卡拉赔特加叫的4♡之后，希腊人开始寻求一个聪明的叫品，要在注定叫到的满贯之前展现一下过人的才华。可是，没有一个花色是他不想让敌人首攻的。在叫品中被紧逼了的他只得满足于毫无想象力的4NT，一点儿也没显示出他与一般牌手的差别来。

跟茉莉一样，公猪首攻的也是♣Q，也和海象相同，老爷子在明手吃进了，打出了♡J。兔子跟出了◇3。

公猪原本摆出的了一副心不在焉的样子，此时马上警惕地问："没红桃了吗？"

"红桃？"兔子回答，"我是没有了。噢，不对，我有，对不起。"他满脸歉疚地拿出了♡3，又把◇3当作罚张留在了桌上。闪电就这样，在同一个目标上打击了第二次。

老爷子飞快地做出了无可非议的推断。什么2呀，3呀，6呀，7之类的，对于兔子来说完全是一样的，但他是绝不会漏看了将牌K的。因此，飞牌注定是飞不中的。希腊人扑上了♡A，要占罚张的便宜，他立刻打出了一张方块，用明手的◇10盖打了公猪的◇9。从明手再出一张将牌,但是公猪赢进之后,回出了一张方块。希腊人可以垫去他的一个黑牌输张,但是至关重要的连续紧逼被破坏了,定约再也没法打成了。

“麻鹬,我得再来一杯菲奈特·布兰卡,”悲惨的故事讲到结尾的时候,卡拉赔特叹了一口气,“除非你这里有什么比这个更苦的饮料。”他想了想之后,又说。

“我再给您倒进一碟子奎宁吧,先生,这样能把味道带出来。”我们充满了同情心的酒吧侍者建议道。

第十九章 同伴间的理解

“我也知道，我不是个好牌手，”当我们坐下来饮用咖啡和白兰地，开始闲聊的时候，悲哀的兔子开口了，“但我可是个好搭档，你们要知道，这才是最要紧的嘛。”

猫头鹰·奥斯卡拨弄着花式小蛋糕，企鹅·流浪者低头搅动着他的咖啡。

“就拿公猪来说吧，”兔子继续讲着：“他永远知道我手里拿着什么，即便连我都不清楚手里牌的时候。只要我们最后落到正确的定约上，在有些进程上，我们叫得有点脱离常规有什么要紧的呢？”

“也许，你还在想晚餐前最后一局牌里的那个大满贯吧？”猫头鹰问。

“的确如此，”兔子点了点头，“并且，我就不相信有多少人能叫得到这个定约。”

没有人提出不同看法。观看这副牌的时候，我坐在最佳的位置，一边是兔子，他的搭档是公猪，一边是老爷子，跟他联手的是花骡子·茉莉。

“该着他们倒霉。”抽完牌，定了搭档时公猪压低了声音说。

双方有局，

西发牌

♠5 3
♡A Q 8 7 6
◇A Q 2
♣9 3 2

♠2
♡K J 10 9
◇K 10 9 7 6 4
♣J 10

西	北	东	南
花骡子	兔子	老爷子	公猪
不叫	不叫	不叫	2♣
不叫	2♡	不叫	2♠
不叫	3NT	4◇	4NT
不叫	5♡	不叫	7♠
不叫	不叫	加倍	全不叫

当明手的牌摊出来时，茉莉已经把♡5抽了出来，她把脸转向兔子。

“你拿的不是一副可以开叫的牌吗？”她满脸疑惑地问。

“不大合格吧，只有十一个大牌点，”兔子回答道：“我是说，我可能拿着十二个，甚至十三个，但按照我们的系统要求，我得减掉两个点，因为我……那个……拿错主意的倾向性比较显著，你听得懂我说什么吧。再者说，”乐于助人的他又添上一句：“红桃是一门高花。”

“跟花色级别有什么关系呀？”花骡子气急败坏地追问。

“如果我开叫一门低花，”兔子解释着：“结局通常是由公猪主打无将定约。但如果是一门高花，这副牌不能由正确的一边来主打的危险就急剧增大了。”

茉莉还是很不满意。有太多次，兔子和公猪间的秘密约定所制造出来的混乱都让她蒙受了损失。

“那么这个 4NT 是怎么回事？你们是打关键张问叫吗？”她还要问问清楚。

“不，不是，这么说不大准确。”兔子赶忙给她澄清这个问题：“我当然对这个约定叫非常熟悉了。将牌 K 也被当作一个 A，所以总共就有五个 A 了，如果你听到的是 5♣，你还得猜同伴拿着三张 A 还是一张都没有了，但总不能说是个百分之五十对五十的对等机会，因此所有的冠军牌手都这么用。但是我们只玩四张 A 的，再说，即便这样也常常会弄出差错来。我还记得……”

“这个 4NT 不会是示量性的吗？”茉莉紧盯着不放。

“这回可不是，”兔子回答她：“你可别忘了，我先叫过无将了。公猪是不会把主打的权利放在我手里的。他在这种微小的细节上非常讲究的。”

在这场细致的调查过程中，老爷子与公猪交换着颇有深意的眼神。他们终于有一次站在同一立场上了，而这个立场上可没有茉莉的份。居然对兔子追问如此繁琐的一大堆问题！他连自己在叫些什么都不明白，你竟然逼着他作详尽的解释？

“如果你把明手的牌看清楚了，”希腊人插了进来：“咱们最好把其余的叫牌问题留到以后再聊吧，还是开始打牌吧。”

带着一脸的不屑，茉莉把那张♡5 翻开了。公猪扑上了明手的♡A 后，就一口气打出了七张黑桃和三张顶头的大梅花。

老爷子看得明白这是怎么回事。在两张牌的残局里，明手会留下◇AQ，公猪手里会剩下一张红桃和一张方块。如果他那张红桃是 4，老爷子就要在红花色里受挤了，这张首攻无意之间帮定约人打出了个维也纳谱。因此，不管愿意与否，他只得按茉莉有♡4 来打。公猪或许会飞方块的可能性是微乎其微的，但是还有另外一种可能性。他最后的两张牌可能都是方块，而他在那里故弄玄虚。无论如何，老爷子的防守方向是坚定不移的。他一定要把他带护张的◇K 保留到底。

跟他预料的完全一样，公猪在他最后一个黑色赢张上垫掉了明手的♡Q，明手只剩下了两张方块大牌。老爷子放弃了他的♡K，紧紧地攥着◇K10。但他耳边突然爆发了公猪震耳欲聋的大笑，他摊牌了。整手牌是这样的：

	♠5 3 ♡A Q 8 7 6 ◇A Q 2 ♣9 3 2	
♠9 8 4 ♡5 ◇J 8 5 3 ♣8 7 6 5 4	N W E S	♠2 ♡K J 10 9 ◇K 10 9 7 6 4 ♣J 10
	♠A K Q J 10 7 6 ♡4 3 2 ◇— ♣A K Q	

茉莉是第一个回过神来的。“你干嘛叫了那个愚昧的4◇还不够，再叫个加倍来把每张牌都给人家标明白了？男人怎么就那么喜欢站在舞台的中央呢？”

“我……”老爷子张开了嘴，但是茉莉视他如无物。

“你看到我扔了三张方块，你为什么……”

“可外面还有一张方块呢，”老爷子气哼哼地说，“你应该把最后一张方块也垫掉，而不是……”

“在蝴蝶俱乐部，”茉莉的语气中带有不可置疑的结束讨论的架势：“一个牌手犯了错，即便是仅仅送给定约人一个有局方的大满贯定约，也会按习惯做出道歉，根本不好意思去责备同伴。”吐出了最后一个字，她转过身，一阵风似地奔出了牌室。

明智的妥协

另一个公猪与兔子配合密切彰明较著的例子几天后出现在独角兽俱乐部的每周双人赛上。这回，还是一个有关于黑桃的大满贯，只是情况大大不同了。老爷子与他的熟搭档，卡拉赔特联手，只是后者近来转运了——从很差变成了非常差，他是私下里悄悄告诉我的。

这副要命的牌出现在比赛即将结束的时候，一大群观众都围拢在桌边，要看看这两对得分领先的牌手之间的决战。

南北有局，

西发牌

	♠— ♡3 2 ◇Q J 10 9 8 4 2 ♣9 8 7 6	
♠A Q J 10 8 5 3 2 ♡9 ◇7 6 ♣3 2	N W E S	♠K 4 ♡K Q J 10 ◇A K 5 3 ♣A K 4
	♠9 7 6 ♡A 8 7 6 5 4 ◇— ♣Q J 10 5	

西	北	东	南
公猪	卡拉赔特	兔子	老爷子
	3◇	加倍	不叫
4NT	不叫	5♡	不叫
6♠	不叫	7♠	加倍
7NT	不叫	不叫	加倍
全不叫			

这个叫牌过程需要稍加说明。如果兔子有两张A，公猪希望打个满贯。没必要问过来、商量过去的。作为对A问叫的回答，兔子心里极不舒服。前面的加倍可没表达出23个大牌点来，而且♠K也肯定是个赢墩。假如他们是用关键张问叫就好了——公猪强烈地反对用这个约定叫——他就可以表达出另一张A来，他可以答叫5♣，就跟任何一个世界冠军的选择一样。可此时此刻，他没法这么叫。因此他认为要做个妥协。他眼下回答只有两张A，然后，当公猪选定了将牌之后，他还要表达自己的将牌K，加叫一阶。这就是7♠的由来。

老爷子得到了大解脱。他抑制住了加倍5♡的冲动，因为他希望得到方块首攻。当然了，他加倍7♠时，卡拉赔特就能得到正确的信息。

卡拉赔特得到正确的信息了，但公猪也截获了，他立即逃往7NT。他当然知道,他们缺少一张A,但亚美尼亚人凭什么就能知道他们缺的是哪张A呢?再者说,公猪必须避免首攻就被将吃呀。

卡拉赔特首攻了◇Q,明手一摊出牌来,公猪就愉快地向四周环视了一圈。所有的眼睛都盯着他呢。基本上没有谁关注老爷子。

“我觉得咱们这桌打得有点慢了。”公猪以非常柔和的声音说道。希腊人立刻警觉地绷紧了每一根神经。这桌牌刚刚开始,而且一点儿也不慢呀。公猪又要玩什么花招了?

“大家都清楚,我这个人厌恶卖弄或炫耀。别人吗,就随意了。”公猪说到这里,把仁厚的目光投向了老爷子。“但是既然咱们的时间有些紧迫,为了加快速度,我还是把牌摊开声称吧,那么……”

兔子赞许地点着头。他自始至终都认为他把6♠又加叫一阶是明智之举。

老爷子根本不为所动。这套路数他很熟悉。把讥讽的嘴角弯曲起来,他用冷冰冰的音调说:“如果不认为有些过于虚头巴脑的,你或许现在就能告诉大家第十三墩牌在哪里。我可是只能看到十二墩。”

“当然是♣4了,我亲爱的狄密斯托克利,”公猪摆出一副吃惊的样子,嘴里却是讽刺的腔调:“我刚才怕冒犯你,没想班门弄斧,但既然你坚持的话,请在场的绅士们原谅我,”他抽空向大家眨了眨眼睛:“我就交代得更具体一点吧。”

清了清嗓子,他就开始讲解了:“我兑现掉◇AK,打掉我的八张黑桃。当我出到最后一张黑桃时,卡拉赔特只能保留三张牌,而明手还有这样四张牌:◇5,♣AK4。为了保留他手里的一张方块,他只能扔掉一张梅花。我放弃明手的方块,这张牌已经完成它的使命了,焦点移到你的身上了。我认为你拿着♡A,因为,假如卡拉赔特拿着一张A,即便你叫六个加倍也不能阻止他对7NT定约首攻他的A。我拿着♡9呢,因此你不得不捏紧了你的♡A,手里就也只能保持两张梅花了,而明手的那张♣4,就成为一个地地道道的赢张了。大家都做个见证,”公猪做出了结论性的发言:“我一张牌都不用出就宣称定约以双紧逼方式打成了。叫得不错,兔子。”

在这种场合要抑制住洋洋自得的自我吹捧需要极强的控制能力，而丑陋的公猪认为,在这方面的追求是完全没价值的。

“迪克·莱德勒是怎么说来着?”他愉快地问道:“哦,我想起来了。‘能力有欠缺的牌手不应该叫加倍！’说的多好呀,太精辟了！”

第二十章 海象的苦闷

“实话说，你们应当让我们一点儿分，”公猪说：“毕竟，我们队里带着巨嘴鸟玩呢。”

“我们这里有海象呀。”老爷子不肯让步。

“我们队里还有萎莉。”公猪又有了新的理由。

“那我们这儿的茉莉呢？”希腊人坚持着。

“就算前面几位都扯平了，”公猪很顽固：“我们队里还有兔子，别想说你们队里有谁打得比他还差。”

“呃，那倒是，”老爷子对这一点还是认可的：“但是他那狗屎运足以弥补他的疯狂举动了；可我们队里可怜的卡拉赔特，你是清楚的，一直没法摆脱背运的缠绕。从论据上看，你们还是占着上风的。当然了，谈到咱们的个人因素……”

“算了，就这样吧，”公猪说：“每一百分差距来张十镑的，除非，你们愿意玩二十镑的。”

“老朋友了，什么条件我都没意见。”希腊人同意了。

他们是在商量哈德斯杯第一轮的赌注，公猪是酒神狂徒队的队长，他们抽签抽到了老爷子的飞龙一族队。

这个赛事有个特色，牌按照复式来打，计分却用盘式的。牌都是赛前发好的，两边同时进行，当一个桌上完成一盘之后，两桌都暂停比赛。输掉的一方每个局有300分，不成局定约有50分；然后，再开始打下一盘。

牌局一开始相当平淡。兔子神出鬼没地把一个红桃局打宕了；茉莉又把一手很艰难的满贯混走了。当下面这手牌出现的时候，飞龙一族已经领先了大约1000分：

南北有局，

西发牌

西	北	东
	♠7 6 ♡9 8 7 6 ◇5 4 3 ♣9 5 4 3	
♠A 8 2 ♡A K 5 4 3 ◇2 ♣A 10 8 2		♠J 10 9 ♡2 ◇A J 10 9 8 7 6 ♣7 6
	♠K Q 5 4 3 ♡Q J 10 ◇K Q ♣K Q J	

西	北	东	南
巨嘴鸟	花骡子	白鸽	海象
1♡	不叫	2◇	加倍
再加倍	不叫	3◇	3♠
加倍	全不叫		

海象·沃尔特，作为一个二十岁出头就退休了的会计师，跟任何人一样，可以飞快地数到19，而且痛恨任何人在他面前胡乱叫牌。首先，他是想对3◇作惩罚性加倍的，但是他很难指望茉莉会放过这个加倍，但自己手里的实力单独叫到局还是略有欠缺，他只得满足于谨慎的3♠了。巨嘴鸟·蒂姆西加倍，大家都不叫了。

用◇A吃进首攻之后，白鸽·蓼莉回出了♡2给♡K，海象继续打♡A，蓼莉垫掉了♣7。随后就是♣A和梅花将吃，又是方块将吃，又来了一轮梅花将吃。蓼莉打出了第三轮方块，绝望的海象扑上了♠K，但巨嘴鸟用♠A将牌超吃了，又打出一轮红桃，茅莉用她最后一张将牌将吃了。防守方已经取得了九墩牌——◇A、♡AK、♣A、茅莉将吃了三墩、巨嘴鸟将吃了两墩，其中一墩是用♠A将吃的。第四轮方块穿透了海象的将牌结构，♠Q543，确保防守方用♠8赢得了第十墩。

"我这牌，这么叫完全是有富裕的，"海象忿忿不平地吼叫着："我有十九个大牌点和……"

"所以，咱们只损失了1700分，"茉莉打断了他："咱们共同祝愿吧，下回你可千万别拿着二十个点，否则，毫无疑问咱们的损失更大。"

最稳妥的定约

在另一桌上，公猪和兔子对抗老爷子和卡拉赔特时的叫牌进程完全不一样。

西	北	东	南
公猪	卡拉赔特	兔子	老爷子
1♡	不叫	2◇	不叫
3♣	不叫	3◇	不叫
3♠	不叫	?	

兔子为他的2◇深深地懊悔，但是他得到了严厉的指令，不得叫出无将，以防止他会成为定约人，而他这手牌太好了，总不能不叫吧。3♠真是把他逼到角落里了，他有强烈的愿望要放打这个叫品，可如果他真不叫，赛后分析注定会逼迫他上吊的。他应当再叫一次方块吗？如果公猪拿着缺门，他也是活不成了；可没准公猪本来真是要打方块定约，3♠只是某种扣叫，这种事真太折磨人了。极力掩饰内心的挣扎，但汗珠子还是从额头上沁出来了，用颤巍巍的声音，他从嗓子眼里挤出了一个叫品："4♠"。

老爷子叫了个柔和的加倍。公猪意识到，兔子碰到大麻烦了，以他这个状态什么定约他都没法打。他只得平淡地不叫了。

卡拉赔特首攻了一张方块，打牌的过程和另一桌是完全相同的。

“叫得不错，兔子。”公猪用他的♠8 取到第十墩时说：“不是每个人都看得出来，咱们最安全的局定约是要靠个 3-3 的将牌配合。”

“你为什么不首攻一张将牌？”老爷子大叫着。

“不想让我首攻方块，你干嘛要加倍呢？”卡拉赔特毫不示弱。

2290 分的巨大收获让遭受一系列背运的酒神狂徒队在比赛的半程以 1140 分领先了。飞龙一族队顽强地一副、一副拯救他们的损失，当最后一副牌摆到桌上的时候，他们已经再次稍稍领先一点儿了。

精彩的叫品

双方有局，

南发牌

北：
♠—
♡5 4 3 2
◇9 8 7 5 4 2
♣7 5 2

西：
♠Q 10 2
♡A K 8 7 6
◇J 10 3
♣A 9

东：
♠8 7 6 5 4 3
♡9
◇—
♣K 10 8 6 4 3

南：
♠A K J 9
♡Q J 10
◇A K Q 6
♣Q J

西	北	东	南
老爷子	白鸽	卡拉赔特	巨嘴鸟
			2♣
不叫	2◇	不叫	2NT
不叫	3◇	不叫	5◇
全不叫			

亚美尼亚人首攻了♠5，他后来解释说，这是书本上写的，要攻击强结构。蓼莉

立刻在♠AK上垫掉了自己手里两张梅花，将吃了一墩黑桃，击落了♠Q，就开始调将牌。用♠J垫掉她手里最后一张梅花，她就交出两墩红桃，声称完成了定约。

“我很钦佩你有勇气叫出你的方块套，”巨嘴鸟在椅子上蹦蹦跳跳地说：“真是个精彩的叫品。”

萋莉呼扇着她长长的睫毛。

“要是首攻出得漂亮点儿，”老爷子嘲弄地微笑着，插进话来了：“这定约得宕三墩。我们能拿到♡AK，♣AK，打第三轮梅花时还能提升我的◇J。你这个精彩的叫品要损失800分。”

“那怎么能是800分呢？”萋莉听不下去了：“你又没叫加倍。”

“我当然不会加倍了，”老爷子反驳道：“你也清楚，我没法奢望得到一个漂亮的首攻，对吧？”

酸雨

在另外一桌，就是全然不同的一个故事了。前面一副牌里，兔子防守时出了漏子，让花骡子蒙走了一个2NT定约，因此南-北方有了70分，而海象，尽管有二十三个大牌点，觉得开叫1♠就足够了。

西	北	东	南
公猪	花骡子	兔子	海象
			1♠
加倍	全不叫		

暗自庆幸自己明智地开叫这个谨慎的1♠，海象下定了决心要好好地给酒神狂徒队上一课。明手的模样对他的激情是个打击，但他还是满怀着一两个超墩的希望。

公猪以♡AK开始了防守，第三轮红桃被兔子将吃了。一张梅花出给了A，兔子又将吃了一墩方块，兔子打出了♣K和第三轮梅花。海象用♠9将吃，遭到了公猪♠10 的将吃。兔子又将吃了第二轮方块，他再出一张梅花，无论海象怎么出，♠Q2 躲在♠AKJ 的后面，总能再拿到一墩牌。

“宕的可不少呀，我得数一数了。”公猪友善地微笑着。

“我有……”海象张开嘴了。

“你用不着说，我全知道。”茉莉当即打断了他，那态度活像居高临下的滴水兽从嘴里喷洒着酸雨：“你要是再多拿一个大牌点，我敢断定，你的♠A 都该吃不到墩了。”

公猪眯起眼睛来，看着兔子说：“打得不错呀，我的兔子。我得承认，刚才，有一阵子我认为你上一副牌里按定约人有十四张红桃来防守是个失误。现在当然看明白了，你以不可琢磨的预见力为敌方创造了一个不成局定约分，以退为进，以便打出这么不寻常的防守来。我得向你道歉。”他转而向花骡子献上了殷勤，递过去他那十七世纪的黄金珐琅鼻烟壶：“来一粒酸果糖吧，茉莉。”他的声音甜得让人发腻。

第二十一章
刁妇的温柔之道

“我认为这就是玩花招。”花骡子·茉莉语气颇为坚定。

茉莉讨厌黑猩猩·查理的澳大利亚堂妹，刁妇·薇拉。一个理由是悍妇岁数非常小，这就很不招花骡子待见。更让花骡子愤愤不平的是，她在牌桌上有消除别人怒气的本事——用茉莉的话说就是“油嘴滑舌的”——让她在牌桌上独享旁人的骄纵。

“男人呀，什么事，或者说，什么人都看不明白，”当我们在鹰头狮身俱乐部的酒吧坐下来的时候花骡子继续说，“你们从来对别人都是锱铢必较的，但一见到小可人薇拉，她的温柔之道就让你们骨头都酥了。”

惹起这番讨论的牌就发生在下午的盘式牌局中，薇拉主打一个4♠定约，防守的是海象·沃尔特和我们嘴里的鹭鸶，那位生物诡辩术的荣誉教授。

♠A Q 6 4 3 2		♠K J 10 8
♡J 4 2	N W E S	♡6 5 3
◇A 4		◇10 8
♣9 6		♣A K J 10

防守方走上来就兑现了♡AKQ，然后转攻了一张方块。薇拉碰到问题了。她的

方块输张用直接飞梅花或梅花将吃飞牌都能垫掉，但该用哪种方法呢？叫牌和前面的打牌中找不到任何线索。一个纯猜测。

刁妇用◇A吃后，调将牌了，先是♠A再是♠K，停顿了一下，从自己手里打出了一张梅花，又停顿了。海象表现得无动于衷，但与往日相比也没什么不同，这对她没什么帮助。鹭鸶，这个对规则一向坚定的执行者，从来容不得一星半点儿的不规矩，此刻把他毫无血色的薄嘴唇锁得紧紧的，连嗞嗞声都不曾发出。

薇拉微笑着道歉了："天哪，我从错误的一边出牌了，是吧？我真是太不小心了。现在也没法纠正了。"嘴里说着，她就兑现了♣AK，出♣J，当拿着♣Q的鹭鸶没有盖打的时候，垫掉了手里的◇4。

茉莉断言，刁妇是故意从错误的一边出牌的，如果飞牌是成功的，她知道鹭鸶一定会马上发难。如果鹭鸶真的要纠正她的错误，她就会先兑现♣A，用将牌回手再做直接飞牌。

无论这说法是否正确，这类事情是永远也得不到证实的。如果这是个孤立的事件，拿它当作个小小不言的花招还是说得过去的，毕竟鹭鸶任何一次遭受挫败大家都表示同情，但事后也就不再认真讨论了。可是，她再次上演温柔之道的恶作剧之后，恐怕我们只得对她另眼相看了。事件的发生是在独角兽俱乐部的双人狂欢赛的最后一轮牌上，赛事设了很多奖励，头奖就是五周后出发的加勒比海巡游。三对牌手都很有希望，公猪和兔子，老爷子和卡拉赔特，刁妇和黑猩猩。薇拉和她的堂兄比那两对的分稍少一点，但他们最后一轮的形势很不错，对抗他们的是海象和巨嘴鸟，而公猪要与老爷子迎头相撞。赢得大奖的机会就在眼前了——从概率上看薇拉和她堂兄的机会较大，但是只要有公猪在，概率的算法是不是要有所修正呢？别人的事都好说，公猪一搅合进来，总会有意外出现的！

十三墩牌的把戏

南北有局，

北发牌

北：
♠3
♡A K
◇A K Q
♣A K 8 6 5 4 3

西：
♠J 10 9 8 7 6 5 4
♡7
◇8
♣Q J 7

东：
♠—
♡8 6 5 4 3 2
◇7 6 5 4 3
♣10 9

南：
♠A K Q 2
♡Q J 10 9
◇J 10 9 2
♣2

西	北	东	南
巨嘴鸟	黑猩猩	海象	刁妇
	2♣	不叫	2♠
3♠	4♣	不叫	4NT
不叫	5♠	不叫	5NT
不叫	6♠	不叫	7NT
全不叫			

巨嘴鸟首攻了一张黑桃，第一墩就让薇拉碰到了难题，两手之间唯一的连通被剪断了。明手没了黑桃，两门红花色都被堵塞了。

作为一个足智多谋的牌手，薇拉脑子里闪现了各式各样的策略，但哪个最有把握让她全取十三墩牌呢？思索了一阵，她毅然做出了决定，把她妩媚的笑脸从巨嘴鸟扭向海象，又扭了回去，她把牌摊开了。

“我真够蠢的，都不会数数了。”她松弛地笑了："真过意不去，浪费了二位的时间，十三墩牌是现成的——三墩黑桃、四墩红桃、四墩方块和两墩梅花。我觉得女人算术就是不大灵。要原谅我哟。”

海象·沃尔特,这个青年时代的早期就退休了的会计师,证实了这个算法。随后,拿起随牌记录的时候,他扬起了眉毛,一脸疑惑地喊着:“怎么搞的,有人打宕了,有人只拿到十二墩牌。不可能呀。咱们恐怕得叫裁判了。”

“噢,不用了吧,咱们可别影响了轮转,”刁妇赶紧安抚他:“再说,我简直渴死了。咱们反正已经打完了,哪位愿意陪我到酒吧……”迷人的微笑就是无法拒绝的邀请。

细节的详述

公猪也是打同样的定约,但叫牌过程中的争斗更激烈。

西	北	东	南
老爷子	兔子	卡拉赔特	公猪
	2♣	不叫	2♠
3NT	加倍	不叫	4NT
不叫	?		

兔子一时感到有些摸不着头脑了。当敌方一个花色都没叫过,同伴却做出了明晃晃的扣叫,你该怎么应叫呢?但他总算没有丧失理智,按照A问叫做出了答叫,5♠。公猪又叫出了5NT,而老爷子直接跳到了7♠。在这个局况下,牺牲是合算的。兔子不叫了,这是个逼叫性不叫,他后来解释说,这就为大满贯保留了通道。公猪果然叫到了7NT,这是他原本就打算叫的定约。

老爷子首攻了♠10,一张欺骗性很强的假牌,但是当卡拉赔特示缺的时候,其效果就丧失殆尽了。

面对着困扰过薇拉的难题,公猪用♠KQ垫掉了明手的♡AK,一口气兑现了自己手里的四个红桃赢张,垫去了明手的♢AKQ和♣6,然后继续打出♢J10。当老爷子示缺时,公猪就摊牌了:“都好了。”他的声称简洁明了。

老爷子气急败坏,卡拉赔特深深地叹着气。只有一位不知深浅的旁观者毕恭毕敬地问道:“对不起啊,先生,您那第十三墩牌在哪里呀?当然了,我是不该在牌桌上说话的,可是……”

“没关系,不用这么客气,”公猪心情好的时候待人相当友善:“事实上,你可帮了我的朋友狄密斯托克利一个大忙。他心里也不太吃的准,我的第十三墩从何而来,但他的自尊心使他不大好意思问。人要是混到他这个地位,难免有一些难言之隐。我的第十三墩可以是♠2、◇2,或者说,更可能的是♣8。我要打出的第十墩牌就是◇9。在三张牌的残局里,老爷子必须保留一张黑桃,因为我手里还拿着♠2呢。卡拉赔特必须保留一张方块,否则就让我的◇2变成赢墩了。由此看来,没有人能保存三张梅花了。挺简单的,是吧?”

听说薇拉也打成了7NT,公猪友善地咧着嘴,问她:“我觉得你也是这么打成的,对吗?”

“我打得没这么复杂,”刁妇的回答很痛快:“太麻烦了,你不觉得吗?这种细节我一般都忽略掉了。”

第二十二章 聚光灯下的卡拉赔特

凡人皆有得意日。即便是卡拉赔特也有顺风的时刻，至少，星期四独角兽俱乐部的双人赛上看起来如此。他的固定搭档，老爷子要从托凯赶过来，超近路的时候在圆白菜地里迷了路，不得已，企鹅·流浪者费了不少劲，劝说花骡子·茉莉坐到他的对面。

牌始终跟定约人过不去，亚美尼亚人悲苦的经历以及他天生的消极态度今天晚上大有斩获。茉莉一直都在谴责他。“拿这牌你肯定应该给我加叫的。”当他优柔寡断地把她的2♠放过不叫时，茉莉抗议了。两个飞牌都飞不中，第一墩牌还被人家将吃了，花骡子勉勉强强完成了这个定约。

又一副牌里，茉莉看到卡拉赔特采用了一个复杂的反做明手，以防止将牌5-0分布，她撅着嘴说：“这做庄路线可真够怪异的。”可亚美尼亚人的预见成为了现实，她也不得不原谅了他。

“咱们可领先不少了，”当他们移位到公猪和兔子这桌的时候，她叮嘱道：“只要这两副牌不吃大亏，咱们就赢定了。争取打平均分……”

自寻烦恼

第一副牌是这样的：

东西有局，

北发牌

♠K 7
♡A K Q
♢A K
♣9 8 6 5 4 2

♠A 10 8 6 5 2
♡8 4 2
♢J 2
♣10 3

西	北	东	南
公猪	花骡子	兔子	卡拉赔特
	1♣	不叫	1♠
不叫	3NT	不叫	4♠
全不叫			

公猪一开始就连打了三轮大梅花。在第三轮上，兔子垫掉一张方块，卡拉赔特将吃了。

这牌会出现什么问题呢？只有 4–1 的将牌分布会给这个定约带来危险，因此他要着力对付这个可能的分布。假设坐在他后面的公猪拿着 QJ 领头的四张将牌，有办法对付他吗？当然有了！假设兔子的单张是♠9，他可以打出♠10 把它铲掉。

卡拉赔特想到这里几乎笑出声来了——能有几个南家懂得这个漂亮的玩法呢？

第四墩时，他打出了♠10，公猪跟出了♠5 时，他让明手放 7。兔子用♠J 赢进了这墩牌，回出了一张方块。亚美尼亚人兑现掉♠K，两个防守人都跟出了，他突然发现自己面对着一个没有预见到的难题。

他怎么才能回手调出外面那张将牌呢？常见的 3–2 分布居然是他根本没准备应付的意外情况。如果兔子还拿着♠Q 就没什么问题了，但如果在公猪手里呢？心中一阵阵紧张的卡拉赔特从明手拉起了一张梅花。整手牌如下：

	♠K 7 ♡A K Q ♢A K ♣9 8 6 5 4 2	
♠Q 4 3 ♡J 7 5 ♢10 8 4 3 ♣A K Q	N W E S	♠J 9 ♡10 9 6 3 ♢Q 9 7 6 5 ♣J 7
	♠A 10 8 6 5 2 ♡8 4 2 ♢J 2 ♣10 3	

“衷心的祝贺，”公猪眯起了眼睛：“卡拉赔特，你是赛场上唯一技巧纯熟地把这副牌宕掉的庄家。看看吧！”他嘴里挺客气，手里把♠Q 晃来晃去的。

“在蝴蝶俱乐部，” 花骡子尖刻地说：“当人家一副牌打到中间不顺心的时候，冷嘲热讽被看做是欠教养的。当然了，我们那个俱乐部只是个淑女俱乐部，”随后她就把矛头指向了卡拉赔特：“既然你这么晕头巴脑的，同伴，你最好放给我打 3NT。”

“那恐怕也得在一个淑女的俱乐部吧。”公猪悄悄地嘟囔着。

完全平等的机会

最后一副牌被放到了桌上：

双方有局，

东发牌

♠A 2 ♡— ♢Q 10 4 2 ♣A K Q 10 8 7 6
N W E S
♠K J 9 ♡K 10 6 ♢A K 8 7 6 ♣5 3

西	北	东	南
公猪	花骡子	兔子	卡拉赔特
		不叫	1♢
不叫	5NT	不叫	7♢
加倍	全不叫		

公猪首攻了♡A，明手将吃后，卡拉赔特开始研究这副牌了。他的赢墩有富裕，因此唯一的危险就是4–0将牌分布，他要琢磨一下公猪的加倍。没有哪个神志清醒的防守人会拿着将牌带J的四张去加倍人家的大满贯，但如果拿着个缺门就不好说了。无中生有、故弄玄虚这一套把戏对于公猪或老爷子这类聪明的牌手来说是惯用的套路。如果哪个防守人都没有四张将牌，卡拉赔特先打哪张大将牌都没关系，但如果有人拿着将牌缺门，那肯定是公猪。

把所有难以估量的因素都权衡过了之后，亚美尼亚人打出了♢Q。如果公猪示缺了，他就可以继续打出♢10，用♢K消灭了♢J后，再用♣A过手，再飞一次将牌，捉住♢9。

在♢Q上，悲哀的兔子居然垫了一张红桃。

西	北	东
	♠A 2 ♡— ♢Q 10 4 2 ♣A K Q 10 8 7 6	
♠Q 3 ♡A J 8 7 5 ♢J 9 5 3 ♣J 4	N W E S	♠10 8 7 6 5 4 ♡Q 9 4 3 2 ♢— ♣9 2
	♠K J 9 ♡K 10 6 ♢A K 8 7 6 ♣5 3	

“背运了，”公猪咯咯地笑着，“4–0的分布十次都不一定能碰到一次，当然了，我也可能拿着缺门，因此，你这个打法在二十次里面能打成十九次。只不过这回刚好是第二十次。”

“男人怎么就总是这么聪明呀！”茉莉忍不住大呼小叫起来：“只要你按简单的

路线来打,这牌怎么可能打宕呢!”

“他不是自己打宕的,有人推了他一把。”公猪呵呵地笑个不停。

“荒唐滑稽的加倍。”花骡子刚刚开口,牌就打完了,所有人都张开了嘴,她的声音完全被淹没了。

酒吧里,大家都在等待结果的时候,猫头鹰·奥斯卡又提起了这副牌。

“这回倒是成功了,”他不情愿地承认,“但这个加倍也太危险了。换一位定约人……”

“刚好相反,”公猪打断了他:“就像在某些情况下有强制性假牌一样,加倍也有强制性的。好好想想吧。从 5NT 的叫品和应答中得知了,顶头三张大将牌有两张在你的右边。如果◇10 也在他手里,你就有了一个确定的赢墩,加倍会为你带来额外的 100 分,这在双人赛中可是至关重要的。但现在再来考虑◇10 跟本例中一样,在你的左边。如果放给他自己打,他是不会出错的,因为先把明手的大牌打掉实在太不自然了。加倍则送给他一个致败的选择。假如他不考虑这个加倍,仍然先打掉 A 或 K,你比不加倍也没吃多大亏。但他的反应太有可能跟卡拉赔特一样了,提防一个圈套的时候却跌进了一个陷阱。这就叫正面我赢,反面我不输,一个完全平等的机会。”

第二十三章
兔子的冠军相

一年一度的蝾螈杯上，老爷子的飞龙一族队与公猪的酒神狂徒队就要相遇了，鹰头狮身俱乐部对比赛结果的下注非常踊跃。花骡子·茉莉和海象·沃尔特加入了老爷子的队伍。公猪的队伍招募了哀钟鸣勋爵，伦敦、纽约和东京国际殡葬业公司的总裁和他的出口部经理，欢铃·杰拉米。

两队可谓是旗鼓相当。人们普遍认为殡葬业的两位大腕要比花骡子和海象一对强，后者的同伴间理解有巨大的欠缺。可是，悲哀的兔子跟谁比起来无疑都太弱了。

希腊人老爷子在队里训话时花了不少篇幅来解释谁应当和公猪坐同一方向的问题："别管他玩什么，我都会玩得比他强，"他又叮嘱卡拉赔特："要跟紧我的思路。"

"座位，哈！"当公猪听说之后，轻蔑地说："只要老爷子跟着我坐，咱们队就顺风顺水了。但是，一定要让我做几副庄。"他说着，把一根告诫的手指对着兔子晃来晃去的。

但是，出乎所有人的意料，既不是老爷子，也不是公猪，而是海象和兔子决定了比赛的走向。比赛的大部分牌都平淡无奇。最后两副决定成败的牌上桌时，飞龙一族队已经积攒了390分的小优势。我是在公猪这一牌室先看到这副牌的。

南北有局，

南发牌

	♠A 7 5 4 ♡Q 6 ◇A Q 8 4 ♣9 6 2
	N / W E / S
	♠K 8 6 ♡A 4 2 ◇7 6 5 3 ♣A K J

西	北	东	南
卡拉赔特	公猪	老爷子	兔子
			1♣
不叫	1◇	1♡	1NT
不叫	3NT	全不叫	

卡拉赔特首攻的是♠J，老爷子在明手出♠4后跟了♠3。

难得有这么一次，兔子是如此地精神集中，灵敏且决心要拿出上佳的表现来。他读过所有的教科书，研究过所有的经典牌例，他可以把历史上一些著名的牌例一张牌、一张牌地背出来。所有的桥牌理论他都能倒背如流，他今天就要运用这一切学识了。

冠军们是怎样着手处理这种牌的？他们要研究叫牌过程，分析首攻，给桌上每一张牌定位，再做出一个总体的计划来。兔子现在已经准备付诸实施了。

卡拉赔特为什么不首攻一张红桃，老爷子叫过的花色呢？由于老爷子跟出的是♠3，老爷子还拿着♠Q，卡拉赔特就不可能有四张以上的黑桃。因此他没有更长的花色，所以，他也没有缺门。以如此贫困的套来攻击3NT的唯一原因就是他的红桃结构为单张♡K或者更可能的，几乎可以肯定的♡K×。果真如此，即便是在有利的局况下，老爷子也一定要拿着◇K才能做出争叫。这是个让人沮丧的消息吗？根本不是，因为兔子知道◇K是双张！如果他有三张方块，他手里就只剩下两张梅花的空位了；这样的话，拿着五张梅花的卡拉赔特就该首攻梅花了。兔子可以看到九墩牌了——两墩黑桃、两墩红桃、三墩方块和两墩梅花。冠军们总是放弃飞牌的，兔子也看不起飞牌。在读牌术上的研究使他有了更好的打法。已经在脑海里建立了四手牌的清晰图像，他的耳朵兴奋地颤动着，兔子开始把机会付诸实施了。第一步，用♠K赢进了第一墩，出一张小红桃给明手的♡Q，躲过卡拉赔特的♡K。

痛苦的重新评估

但是，卡拉赔特对这张小红桃跟了张小，♡Q却被老爷子的♡K捉住了，♡J又出了回来。书上可不是这样讲的。防守方显然出了什么差错。不管怎么说，眼下的形势嘛，用政治家的话来说，就是要做痛苦的重新评估了。整手牌如下：

	♠A 7 5 4 ♡Q 6 ◇A Q 8 4 ♣9 6 2	
♠J 10 9 2 ♡3 ◇K 10 9 2 ♣Q 10 5 3	N W E S	♠Q 3 ♡K J 10 9 8 7 5 ◇J ♣8 7 4
	♠K 8 6 ♡A 4 2 ◇7 6 5 3 ♣A K J	

兔子对♡J跟小，第四墩时用♡A进手了。卡拉赔特在第二轮红桃上垫了张梅花，下一张牌他明显地停顿了很久，终于扔掉了一张方块。兔子飞了方块，兑现了◇A，又出了一轮方块，建立了明手的◇8。用◇K进手后，卡拉赔特又打了一张黑桃给明手的♠A，可◇8逼迫他把两个黑桃赢张垫掉了一个或者放弃♣Q的护张。他选择丢掉一张黑桃，但一张黑桃又把他投入了，无路可逃的他只得把一张梅花出向了兔子的♣AKJ。

“在♡A上，你就非垫一张方块不可吗？”希腊人火冒三丈。

“可以不垫方块，”亚美尼亚人苦闷地摇着头：“我也可以垫张黑桃，但结果是没什么两样的。飞过方块之后，兔子可以兑现♠A后送我一墩黑桃。手里只剩下方块和梅花了，我只能以◇K脱手，可是现在明手的第四张黑桃会逼迫我垫掉一个方块赢墩。再遭方块投入后，我还是像先前一样被投入。只要他找到了这条诡异的作庄路线，”卡拉赔特断言：“谁拿他也没办法。”

“打得太出色了。”一位观众实在难以抑制仰慕之情。

老爷子以一个蔑视的手势制止了这个观众：“前两天，他在独角兽俱乐部看到我用同样手法打的一副牌，估计他费了不少劲才把它背下来。”

“打得还不错，兔子”。公猪笑呵呵地开口了：“你需要一点运气，而你碰巧就撞上好运了。但是，下回你或许就不会遇到狄密斯托克利来防守了，因此……”

“你难道是在暗示我本应该把这个定约击宕吗？”老爷子忍不住了：“我都不敢相信我的耳朵了。”

“不，我没说你能击宕定约，”公猪回答时的微笑的确很真诚：“如同列宁所说的，‘人尽所能，按劳索酬。’也没准是托尔斯泰说的？你已经尽力了。当然了，倘若你能略微控制一下以自我为中心的欲望，你或许就能意识到，由于进张的欠缺，坚持出红桃是徒劳无益的。当你用♡K进手时，转攻梅花……”

“他自己也能打出第二轮红桃来呀。”老爷子立即反驳了。

“的确如此，”公猪也表示同意，“而你可以再打出第二轮梅花，一举消灭定约人的投入打法和他的第九墩牌。但是，要求一位能力有限的防守人挫败兔子很出彩的打法确实有失公允，虽然，”公猪又眨着眼说：“定约人是怎样采用这个打法的，对我们来说，恐怕是个无解的谜题。”

我把这副牌传到了另一牌室，花骡子与海象之间的紧张情绪，跟殡葬业两位大腕之间欢乐愉快，畅饮香槟并交换俏皮话形成了鲜明的对比。

“来一杯勃林格吧，茉莉。”欢铃·杰拉米一心要使桌上的气氛更友好一些。

“放心喝吧，都走业务费用的账。”哀钟鸣也发出咯咯的笑声。

“谢谢你，用不着，我的头够晕的了。”花骡子冷冰冰地回答着，严厉的目光射向了海象。

	♠A 7 5 4 ♡Q 6 ◇A Q 8 4 ♣9 6 2	
♠J 10 9 2 ♡3 ◇K 10 9 2 ♣Q 10 5 3	N W E S	♠Q 3 ♡K J 10 9 8 7 5 ◇J ♣8 7 4
	♠K 8 6 ♡A 4 2 ◇7 6 5 3 ♣A K J	

叫牌与另一牌室中的没什么区别，而且，跟卡拉赔特一样，哀钟鸣也是对 3NT 定约首攻♠J。海象在手里赢进后，飞了方块，兑现◇A 时看到欢铃示缺了，海象眨了眨眼睛，再试飞梅花，定约宕二。

“根本打不成。”他梗着脖子，强硬地对茉莉说。

“可能吧，”花骡子不肯认账：“我也没仔细看你做庄，但是有没有拿七墩以上的作庄路线呀？那个梅花飞牌……”

叫不到的满贯

为了让她少说两句，猫头鹰·奥斯卡赶紧把最后一副牌放到桌上，他刚刚把这副牌从另一牌室传过来。

东西有局，

南发牌

	♠A J 9 ♡4 ◇10 9 8 7 3 ♣6 5 4 2	
♠K Q 8 4 3 ♡A Q 5 2 ◇A J 2 ♣3	N W E S	♠10 7 6 2 ♡10 9 8 6 3 ◇6 5 ♣A 8
	♠5 ♡K J 7 ◇K Q 4 ♣K Q J 10 9 7	

西	北	东	南
哀钟鸣	花骡子	欢铃	海象
			1♣
加倍	不叫	1♡	1NT
加倍	全不叫		

海象陷入了沉思。运气只要不太差，他就能打成1NT，或许还能弄个把超额赢墩。但如果运气差到了家会怎样呢？对手可能要卷走五墩黑桃再拿两张A，那也就是宕一。但是，假如同伴没有黑桃止张，对方或许能打成4♠。这样一来，即便宕三也是有赚头的。所以，海象决定挺住了，就打这个定约。

哀钟鸣首攻了♠4。按照大概率打，海象放上了明手的♠9，输给了欢铃的♠10。♡10出给了♡J和♡Q。殡葬托拉斯的总裁逼出了明手的♠A，海象开始建立梅花了。欢铃当即扑上了♣A，又打了一张红桃击穿了♡K-7。接着就是三轮黑桃，然后是红桃，而欢铃在四张牌的残局中获得了出牌权。

	♠— ♡— ◇10 9 8 ♣6	
♠— ♡2 ◇A J 2 ♣—	N W E S	♠— ♡8 6 ◇6 ♣8
	♠— ♡— ◇K Q ♣K Q	

在♡8上，海象扔掉了♣Q，但是♡6实施了慈悲的一击，对海象实行了安乐死。在绝望中，海象放弃了♣K，让♣8和◇A吃到了最后两墩牌。

公猪和兔子刚好从另一牌室走过来，亲眼目睹了大屠杀最后的惨状。

“我得祝贺你了，同伴，这真是惊人的壮举，”茉莉口中竟然发出了类似鹭鸶的嘶嘶声：“防守方打成小满贯可是难得一见的。”

“那他们叫到了吗？”公猪发问的时候，向殡葬业的两位翘楚眨着眼睛。

花骡子此刻太专注于咒骂海象了，她只能腾出功夫来对公猪发出愤恨的一声鼻音，同时投以恶毒的目光。

限制性选择的理论

我后来才听说在另一牌室里的故事，叫牌相同，兔子也是加了倍的1NT定约的主打人。

跟哀钟鸣一样，卡拉赔特也首攻了♠4。但是，跟海象不一样，兔子放上了明手的♠J，这样就建立了自己的梅花套，同时还保留了对黑桃的控制。谁也拦不住他取七墩牌了。如果防守方不再动黑桃，他就能轻松地做出方块赢墩来。

“你是怎么决定在第一墩打♠J的？”我们后来在酒吧讨论这副牌时，我问兔子：“这可是违背概率的？”

“不对，不对，”兔子热心地解释着：“这是限制性选择原理。所有的冠军都按这个套路打，你应该知道的。假如我放上♠9，有三张牌可以打败这张♠9，♠K、♠Q和♠10。但是，只有♠K和♠Q能打败我的♠J，因此，老爷子的选择就从三张被减少成了两张。这理论其实挺简单的。哪天我借你本书看看，就是有墨绿色书封的那本。我的意思是……”

第二十四章 志得意满的微笑

十八世纪哲学家莱布尼茨的信条，在最美好的世界里，万物都是妙不可言的。如今已经没有多少人爱听了，但白鹅·加文是个显著的例外。他认为自己没什么缺点，身边的世界也是毫无缺陷的。坚信自己是聪明、幸运且成功的，他认定自己是应该被众人仰慕的。当他进入牌室的时候，脸上挂着的微笑，旁人都认为是傻笑，宣告着他是个志得意满的成功人士。

白鹅从来也不曾意识到他看起来有多滑稽，胸脯永远挺在腿的前面，而且，尽管谁也没见过他不穿袜子的脚，但如果说他脚趾间长着蹼，是不会有人感到意外的。

白鹅主要玩的是百家乐和二十一点，打桥牌不过是换换脑子，而且他喜欢给牌局带来一点刺激。要是他能做主的话，他真想把所有的小牌都换成畸形的大牌。

最近的两手牌就概括了白鹅的哲学。这两副牌都发生在盘式牌局中。

东西有局，

东发牌

北：♠A K J 3　♡A 5　◇K 7 6　♣7 5 3 2

西：♠Q 8 7 5 2　♡Q 10 8 6　◇10 9　♣A J

东：♠—　♡K 4 3 2　◇A Q J 8 2　♣Q 10 9 4

南：♠10 9 6 4　♡J 9 7　◇5 4 3　♣K 8 6

西	北	东	南
黑猩猩	海象	花骡子	白鹅
		1◇	不叫
1♠	不叫	2♣	不叫
2◇	加倍	不叫	2♡
加倍	全不叫		

“沃尔特的加倍是什么意思？”花骡子·茉莉在不叫之前发问了。

“因为你们把其他的三个套都叫过了，”白鹅回答：“他一定是要求我叫红桃。”

“那他为什么自己不叫呢？”茉莉咬住了不放。

“也许他感觉有时候我能在打牌过程中多弄出一墩来，”白鹅谦虚地解释着，想了想，又加上了一句：“另外，还有一种可能，我的牌可以放打这个加倍。”

黑猩猩首攻了◇10，然后是◇9。防守方真是手不软，先吃了三墩方块，黑猩猩垫掉一张黑桃。然后是一张梅花出给了黑猩猩的♣J，回出黑桃被茉莉将吃了。又是一张梅花出给♣A，第二轮黑桃将吃；再一张梅花被黑猩猩将吃了，第三轮黑桃又被茉莉将吃了，剩下的残局是这样的：

	♠A ♡A 5 ◇— ♣7	
♠Q ♡Q 10 8 ◇— ♣—	N W E S	♠— ♡K ◇8 2 ♣Q
	♠10 ♡J 9 7 ◇— ♣—	

茱莉出♣Q，白鹅觉得冷森森的达摩克利斯之剑正在他的喉结上划过来。心怀一线希望的他垫掉了自己最后一张黑桃。黑猩猩用♡8将吃了再回出他的♠Q让花骡子用♡K将吃，白鹅迫不得已，只得垫进一张小将牌去。防守方的♡Q10埋伏在白鹅的♡J9后面，防守方肯定还能拿到一墩牌，白鹅唯一的赢墩就是将牌A。

“依我看，定约可是够差的。”花骡子的讥讽开始了。

“还说不上吧，”白鹅就地展开反击：“更差的定约是让你们打铁成的红桃满贯，我们用现在的1300分[1]换了你们的1430分。”

“满贯倒是打不宕！”茱莉嘲弄地说：“除去奇迹般的黑桃缺门，两个飞牌都要飞得中，每门花色还都要好分布。我还是把这种满贯留给你玩吧。”

“要是没有这个奇迹般的黑桃缺门，两个飞牌和花色的好分布，我能宕这一大堆么？稍微把牌换一换，结果可是就大不一样了，”白鹅·加文激动地争辩着：“你要知道，人总不能什么便宜都占得着吧？”

“就算把你炖烂了，你的嘴也还是硬的。如果你在自己的钱包里发现一张十英镑的假钞，你肯定会告诉旁人这不是一张二十英镑的来证明你过人的智慧。”花骡子从来是嘴不饶人的。

①老式计分规则。

幻影型紧逼

不几天后，花骡子·茉莉与海象·沃尔特共同成为了白鹅·加文英雄气概的牺牲者。

双方有局，

南发牌

西	北	东
	♠K Q 7 6 ♡K Q 5 ♢7 4 2 ♣9 7 5	
♠10 8 5 3 ♡4 3 ♢Q 10 8 ♣Q 10 4 2	N W E S	♠J 9 4 2 ♡8 6 ♢K 9 5 ♣J 8 6 3
	♠A ♡A J 10 9 7 2 ♢A J 6 3 ♣A K	

西	北	东	南
海象	白鹅	花骡子	兔子
			2♣
不叫	2NT	不叫	3♡
不叫	4♡	不叫	4NT
不叫	5♣	不叫	5NT
不叫	?		

白鹅马上就看到了问题。红桃是商定了的将牌，如果他叫6♡来表示两张K，兔子会不叫的。可手里的将牌Q的价值，肯定等于或高于任何一张边花K的。正当他在死胡同里徘徊的时候，茉莉尖酸刻薄的声音发问了："一个自认为聪明过人的牌手，数数手里有几张K不会太麻烦吧？也没准你在研究什么尖端课题吧？"

"谈不上尖端，"白鹅回应了，并立刻就占据了上风："我也不想让你们再等了——7♡！"

“这叫品是什么意思？”花骡子要问兔子了。

“我认为这是止叫的，如果你能明白我的意思。一个要求停止叫牌的信号，也就是……”根本就没人听他说什么，兔子也自觉地闭嘴了。

海象首攻♣2，明手摊牌后，兔子就开始数赢张了，但无论他怎么数，先数黑桃，又数将牌，最后加起来总超不过十二个。

熟读过所有经典著作，兔子马上就把形势分析清楚了：得打一个双重紧逼，如果不是三重紧逼的话。某个防守人必须看着梅花，另一个防守人得看着方块，所以谁都保持不了四张黑桃了。兔子极想摊牌声称，就像老爷子那么神气；可是，老爷子一摊牌，往往就被别人接受了，但他要是摊牌，人家总让他一张、一张的出到底，以防他有什么算漏了的地方。

兔子开始一张、一张地把所有将牌都打掉了。将牌是2–2分布，因此海象和花骡子各自要垫四张牌。两个人都紧紧地抓着自己的黑桃，越来越狠毒地盯着对方，可谁也不肯垫掉一张黑桃。

兔子从明手垫掉三张方块，然后兑现♣K，达到了下面这个五张牌的残局：

	♠K Q 7 6 ♡— ◇— ♣9	
♠10 8 5 3 ♡— ◇Q ♣—	N W E S	♠J 9 4 2 ♡— ◇K ♣—
	♠A ♡— ◇A J 6 3 ♣—	

他相当有把握那张♣9已经被打大了，因此他兑现了◇A，让他大吃一惊的是，◇Q和◇K竟然一起跌落了。

海象马上就嘟嘟哝哝了，花骡子也从鼻子里喷出了怒火。

“你就一点都没意识到吗，沃尔特，假如我没拿着四张黑桃，我早就开始垫一张了？你怎么就不能多保留一张方块和梅花呢？”

“这么说呀，我也没有垫过一张黑桃，”暴怒的海象也忍不住了：“你怎么就做不出同样的推论，保持两张方块和大梅花，让我来看守黑桃呢？我可是要先垫牌的呀！”

“但是我得跟着明手垫牌呀，”茉莉反驳说：“出牌是顺时针次序的，你不知道吧？”

海象一时找不到够分量的反击炮弹，只能恶狠狠地从喉咙深处发出吓人的咆哮。

“就是这样的，一个男人吗，总得在争论中发表最后的意见。”花骡子·茉莉轻蔑地哼哼着。

白鹅的眼睛都笑得眯起来了，他对兔子说：“认账吧，要是靠你，这个大满贯注定叫不出来。我觉得我这个急中生智的权宜之计就是 S. J. 西蒙所称赞的天才叫品。“

这是牌局的最后一副牌，我陪着兔子到酒吧去，在晚餐之前我们要先喝一杯勃林格香槟。

兔子看起来一脑门子官司。“我倒想知道，他们到底谁说对了呢？他们当中究竟是谁应该保持黑桃结构，让他的同伴去护着梅花和方块呢？我的意思是，他们总不应当两个人都保留所有的黑桃，对吧？”

“当然不应该，”我同意他的看法：“既然你与明手之间没有连通了，他们就是一起把黑桃都扔了也无所谓，其实他们的梅花也都是废牌。”

“那你的意思是说我实际上谁都没挤着？”兔子被深深地震惊了。

“如果你在♠A 之外还有一张黑桃，你就真的把他们紧逼了。你有机会的时候并没有兑现♠K 和♠Q，导致茉莉和沃尔特都认为你有这张小黑桃。这是个幻影似的紧逼，但是能够和真的紧逼一样奏效。”

兔子沉闷地点着头：“是的，这回我有点听懂了。当然了，我需要一张小黑桃。书上也都是这么说的。但是，在一种潜意识中，我好像也觉得真有这么一张小黑桃似的。你觉得，这是不是幻影紧逼的一个重要条件呢？”

第二十五章 恐惧胜于喜欢

“这绝不是让同伴发挥出水平的办法。”企鹅·流浪者若有所思地转动着勃林格香槟杯说。

“当然不是，”猫头鹰·奥斯卡赞同他的说法：“可公猪的看法是，巨嘴鸟打得最好与最差之间的差距，基本上是可以忽略不计的，因此犯不着跟他浪费什么绕弯子的甜言蜜语。有了正当的怒火，直截了当地把它喷出来总比别别扭扭地强行压抑要舒服得多。如果它怎么都要挠你，就不用顺着毛抚摸它，嘴里再说什么‘可爱的小咪咪了’。这就是公猪的哲学，可不管怎么说，他做得都有点太过分了。”

企鹅点着头：“那位巨嘴鸟今天下午完全呆若木鸡了。等到公猪跟他打完牌的时候，他都瘫软成一盘果冻了。毕竟，一连两次抽牌定搭档都让他们做同伴，总不能说全是他的错吧！”

我们在讨论下午别扭得出奇的牌局，公猪抽中了巨嘴鸟，对手是希腊人老爷子和花骡子·茉莉。

“嘿，他们还老说闪电从来不会两次击中同一个地方呢。”气哼哼的公猪说着，把怨恨的目光投向了巨嘴鸟·蒂姆西。

在打牌的过程中，公猪丝毫也不掩饰他心中的不满。“我回出你的花色对吗？”

当茉莉判断出了错，打坏了一个小定约时，巨嘴鸟以奉承、巴结的口吻问公猪。

“可能是对的，”公猪赞同地回答：“如果你认为我有第十四张方块要兑现，你这个防守打法就是上乘的了。可事实上，你差点把定约送给人家了。运气不错，定约人太客气了，没有占到你的便宜。”说到这里，公猪把他嘲笑的嘴脸从巨嘴鸟扭向了茉莉，茉莉自然也对他报以狠毒的目光。

两边各自打成了一局。然后公猪打成了一个3◇，有了线下的60分，他拿到：

♠A Q J　♡A K 2　◇A Q 7 5　♣K 6 3

坐在他的背后，我琢磨着他会叫什么。这牌符合开叫2♣，再叫2NT的要求。如果没什么特殊的缘由，谁都应该这么叫。但对面坐着这么个未被驯服的，心急气躁的巨嘴鸟，牌局的赌注又比较大，这理由足够特殊了。俗话说，一鸟在手总比双鸟在林要强，而对面还坐着个嘴巴那么大的。被迫放弃了对满贯的幻想，公猪小心翼翼地开叫了1NT，按他们的约定是15~17大牌点。

希腊人不叫之后，巨嘴鸟开始在椅子里焦躁地折腾开了，认真地看了看计分纸，又折腾了一会儿，叫出了2NT。

公猪的眉毛扬得老高的。这巨嘴鸟可不知道他隐瞒了七八个大牌点呀，他居然有了更高的追求，十三墩应该是现成的了。为预防意外，公猪逼迫自己满足于6NT了。

挂着一脸的歉疚，巨嘴鸟用颤巍巍的手指摊开了他的牌。

双方有局，

南发牌，南北有60分

西		东
	♠7 6 4 ♡Q 7 5 3 ◇K 8 ♣A 5 4 2	
♠K 10 9 8 5 2 ♡9 4 ◇6 4 2 ♣8 7	N W E S	♠3 ♡J 10 8 6 ◇J 10 9 3 ♣Q J 10 9
	♠A Q J ♡A K 2 ◇A Q 7 5 ♣K 6 3	

“我可没料到你还会继续叫牌，” 他以抱歉的口气说：“我就是想阻止他们叫牌。也就是个阻击性的加叫。”

公猪愁眉苦脸的，花骡子·茉莉幸灾乐祸地看着他。

“实话说吧，蒂姆西，”牌局之后，当巨嘴鸟用大杯的白兰地来稳定自己的神经时，我对他说：“你肯定不是真想阻止他们叫牌的。他们是有局方，你们有至少二十四个点子，他们只有十六个，他们要敢争叫，这罚分肯定是 800 分起步，1100 或 1400 也是很可能的。这不比赢得这局牌的利益都大了吗？”

“不，你说得完全不对，”巨嘴鸟反驳道：“就算是 1400 分又有什么用，你难道还想再让公猪对你冷嘲热讽二十分钟吗？我就是想让这局牌早点结束。”

这都是后话了，在牌桌上时，他把牌摊出来，巨嘴鸟就沉默了。他再也不蹦蹦跳跳的了。连他那闪亮的驼毛黑上装都黯淡了，本想飞快地结束这局牌，现在倒把这局牌无限期地延长了。定约是注定打不成的，而公猪的嘲弄一定是没完没了的。

牌桌上的精灵

老爷子首攻了手里最假的一张牌，♠2，茉莉跟出了暴露一切的♠3。

“首攻是最长套的长四，第三家打了最大的，”公猪嘴里念叨着，用♠Q 赢进这墩牌后就开始研究定约的前景了。

他有十个快速赢墩，如果黑桃和梅花都是 3–3 分布，就能再打出两墩来，但这种分布在平常日子里也不好遇到；现在，打完了第一墩牌，揭露了老爷子拿着六张黑桃，而茉莉只有单张，这个分布就太遥远了。这副牌里一定有着某个紧逼，也可能是另一个。公猪会放掉一墩梅花来调整输张吗？调整完了就行了吗？

没等多久，我就知道答案了。在第二墩时，公猪打出了♠J。老爷子扑上了 K，茉莉垫掉了一张梅花，老爷子转攻了一张方块。公猪在明手赢进，兑现了♡A、♡K 和♡Q，在第三轮红桃上老爷子扔掉了一张黑桃，公猪又兑现了♠A。茉莉的呼吸变得急促了。

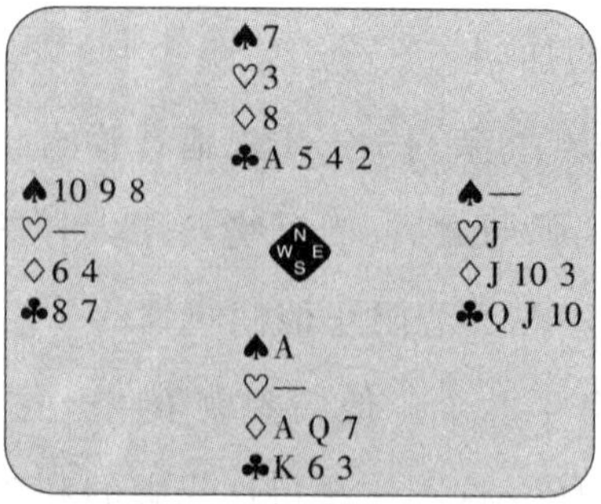

她放弃了一张方块,但已经于事无补了。公猪接连打出◇A、◇Q 和◇7。茉莉再次在红桃和梅花中受紧逼了。

公猪在填写分数,这是他最得意的书写工作了,他对巨嘴鸟晃动着粉红色、肥壮的食指:“下回呀,蒂姆西,打牌的时候还是带上个算盘吧。用算盘你就能知道,有了 60 分的时候,打 1NT 就能成局了。再多叫一点儿都是华丽的炫耀了。咱们够幸运的,有些不够公正,得到帮助巨大的首攻,从一开始就标明了牌型,并指出了致胜的做庄路线。其实我还真有打错的可能,特别是……”他没能说下去,因为茉莉再也按捺不住了:“对满贯定约,你就非要从 K 下面出小吗?你那张精心设计的♠2 到底是想欺骗谁?凭什么……”

激动万分的老爷子马上就开始反击了,但是太多需要强烈表达的重磅词句同时涌了出来,弄得谁也没听懂他到底说了些什么。

每分每秒对公猪来说都是美妙的享受。在酒吧间与我们聊这副牌的时候,他又回到了愉悦的回忆中。老爷子的窘态,茉莉的愤恨和巨嘴鸟的困惑都为勃林格香槟增添了更多闪亮的气泡。

“不管怎么说,”猫头鹰·奥斯卡评论道:“即便得到了这样的首攻,也不是每个人都能想到要在第二墩回出♠J 的。我认为,大多数定约人都会放出一墩梅花去的。”

“那又有什么区别呢?”公猪反驳了他的说法:“别管我怎么打,就现在这个牌型,茉莉总是连续型紧逼的受害者。你刚才是说放一墩梅花吗？非常好,打出♠A的时候茉莉垫什么呢？她的第四张梅花？那明手的最后一张梅花就会让她在红花色中受挤。但或许她会垫一张红桃。那么明手的第四张红桃就让她在低花里受挤了。还有,就算老爷子不攻黑桃,我也会自己送他一墩黑桃的。多蒙各位抬爱,其实这副牌只有巨嘴鸟这号的才会打宕呢！”

“那么,打♠J也没什么精彩的。”企鹅说。

“你看得太肤浅了,”公猪把他顶了回去:“这张牌打得相当精明,但绝不在你们所理解的层面上。这个打法对于做庄过程起不了什么作用,但对于后来的谴责大战就太要紧了。因为,它至少在眼下,制造了一种印象,好像这个定约是老爷子拱手送给我的。随后的争辩、责难才会如此具有戏剧性。你们这些人老念叨什么让同伴做出最佳表现来,”公猪看了我们一眼:“但你们也不想想,同伴的最佳表现是否存在呢。但有件事是绝对肯定的:你不能放任对手让他们的同伴拿出最佳表现来。给他们之间加入一点儿憎恨,呛着毛抚摸他们,这就是牌桌上的小精灵。”

公猪停下嘴来在他的日记本上写了些什么:“就是要提醒我自己, 在正午之前,我不想接任何电话。”

“这又是为……”猫头鹰感到困惑。

“因为,”公猪解释道:“老爷子为这副牌会很烦心,他要纠结到半夜两点钟左右,最后他总能弄明白了,首攻什么我这副牌都打不错。他会气急败坏地抓起电话……”

“那你就准备把他憋到中午才算完事。”猫头鹰说。

“描述得很准确,”公猪赞同地说:“但到了那时候,我就登机飞往法国的戛纳了。当然了,”他向我们眨了眨眼:“应答系统会录下他的留言——可是,哔哔声一响,录音就结束了。”

让兔子出彩

当第二个酒瓶出现在冰桶中的时候，猫头鹰·奥斯卡开口问道："公猪啊，你究竟是怎样跟兔子取得这么好的战绩的？从技术角度上来看，他跟巨嘴鸟是半斤八两。两个人一抓起牌来就不知道自己在干什么，而且在你面前，发起抖来，哆嗦的模样都很相似呀。"

"说得对，"但是你没法掌握巨嘴鸟的动向，因为他脑子里永远是乱流和漩涡。而兔子的优点就是他脑子里往往是一片空白。他可能在思索自己的星座运道，可能在研究证券市场或者在回忆把雨伞落在哪里了。因此，震动或吓唬他，就能把他带回到牌桌上，做你要他完成的工作。可巨嘴鸟还没拿到牌就处于惊恐状态了，你已经没法再吓唬他了。这可真是个很难缠的家伙。既然说到了兔子，你们看见这副有趣的防守了吗？"在他写牌例的过程中，我认出了这副前几天打过的牌：

东西有局，

南发牌

西		北		东
		♠A K Q ♡A Q 10 8 6 ♢3 ♣9 8 6 5		
♠— ♡7 5 2 ♢A Q J 10 9 7 6 ♣K Q J		N W E S		♠8 5 3 ♡K J 9 4 3 ♢— ♣A 10 7 3 2
		♠J 10 9 7 6 4 2 ♡— ♢K 8 5 4 2 ♣4		

西	北	东	南
公猪	白鹅	兔子	老爷子
			3♠
5♢	5♠	加倍	全不叫

"我可不想叫再加倍，"白鹅·加文在摊牌时给自己的行为加了注解："因为

他们要是用6◇来牺牲肯定是划算的。说不定他们都能打成了。"白鹅对自己真是太满意了。他经常做出正确的决定而且自己对这一点很清楚,尽管旁人总是意识不到。

公猪首攻了♣K,然后是♣Q。希望能得到方块转攻,兔子跟出的是♣2和♣3。

老爷子在将吃的时候很清楚,兔子最多有一张方块,可能根本没有,而公猪是没有将牌的。否则他就会出一张将牌了。要取到十一墩牌,他要在明手将吃三次方块,因此,在第三墩的时候,他打出了◇K,以防兔子用他的单张赢进这墩牌,回出一张将牌来。

公猪该怎么办呢?赢进了◇A后防守方还能到哪里去找赢墩呢?

找不到了,无论他回出什么,老爷子都能拿到所有的牌墩。要让兔子拿了这墩牌后回出一张将牌才行。他会将吃公猪的◇A吗?算了吧,即便他肯立即大张旗鼓地犯卖国罪也不会将吃同伴的◇A。如果跟一张小方块呢?兔子倒是会将吃,但他会认定老爷子拿着◇A和◇Q,而想不到要回出将牌。突然间,公猪眼前一亮:对着◇K,他跟出了◇Q!

兔子一下子就坐直了。他的鼻子抽搐着,耳朵抖动着,头皮感到了一阵阵的刺痛,毫无疑问,公猪是在发出强烈的紧急信息,一个剧烈的花色选择信号。公猪的指令是明确无误的,要求回出最高级别的花色。但是,公猪怎么会想要回出红桃呢?就算他手里是空门,将吃一个输张有什么用?他把眼睛眯起来了。不是红桃,黑桃才是最高级别的花色呢。兔子将吃后回出了一张将牌,随便老爷子怎么折腾,他是没法拿到第十一墩牌了。

"我就知道,"幸福的白鹅一脸的傻笑:"他们的满贯是铁成的。打不宕……呃,稍微差一点。"

第二十六章
错误，疏忽和遗憾

一个牌手出了错之后是什么感觉呢？悔悟？局促不安？对自己发脾气？焦急地掩盖，并责备同伴、对手、或者黯淡的光线？在鹰头狮身俱乐部的酒吧里，我们正一面享用餐前的勃林格香槟，一面讨论大家对这种状况的不同反应，公猪刚好走过来坐下了。

“公猪，犯了错误后你会是什么感觉呢？”那个从牛桥来的，一脸滑稽像的年轻人，柯基犬·考林发问了。

“我怎么会知道呢？”公猪不屑地把他顶回去了。

“可是，公猪呀，”柯基犬还是不肯放过他：“你总会对某个叫品或某个打法感到过遗憾吧？”

“这倒是不假，”公猪认可了：“但这完全不是一回事。错误，你知道，跟这些完全不是一个类型的东西。你可能会数错了将牌或者没意识到◇5已经打大了。这可能仅仅是因为累了，太紧张了，精神不集中，或者在晚餐时不明智地多喝了一两瓶酒。我认为这只是行为举止上的疏忽，而不是错误。没能认出一个超吃紧逼，毫无疑问，的确是个错误，但这不能算数，因为这属于天赋上面的局限性，比如歌唱得不如卡鲁索那么好，不会让人觉得有负罪感的。遗憾就完全是另一回事了。我来……咦,这瓶子空了!"公猪大叫着,把空酒瓶从冰桶里拎出来:"谁来解决一下这件事,我给你们看一个例子。"新的一瓶酒就还没塞进冰桶,一个常见形式的例子就出现在英国政府公用信封的背面了。

双方无局,

南发牌

♠A J 9
♡4 3
◇A 2
♣J 10 9 8 7 5

♠3
♡J 10 9 8 7 6
◇Q 6 5
♣K 3 2

西	北	东	南
公猪	巨嘴鸟	老爷子	兔子
			1NT[1]
不叫	3NT	全不叫	

1. 12~14 点。

"我首攻了♡J 给老爷子的♡K 和兔子的♡A。用◇A 过手后,兔子拉♣J,飞了过来,我让他吃到了这墩牌。在第二墩梅花上,老爷子垫掉了♠8。兔子扑上了♣A,又用♣Q 出给了我的♣K,老爷子用♠2 完成了大、小信号。朋友们,把我的牌拿起来吧,说说,你们会怎么打。"公猪靠在椅子里,尽情地吞咽鱼子酱小点心了。

"最后的机会了,"猫头鹰·奥斯卡说:"只要他再进手,他就有九墩牌了——♠A,◇A,明手还有三墩梅花,除了他打出的♡A,他还有推断中的♡Q,如果他还拿着◇K……"

"不可能,"柯基犬打断了他:"♡AQ 和♣AQ 加起来已经是十二大牌点了。再有◇K 就是十五个了,超过 1NT 的高限了。"

“咱们唯一的希望就是他的方块已经没止张了。”猫头鹰疑惑地说:“我觉得他是不得已才冒险到明手去飞梅花。再者说,也没有别的防守了,闭上眼睛出♢Q吧。公猪,你是怎么打的?”

“跟你们的打法一样,”公猪痛苦地回答:“这打法损失了一墩牌,所以这是遗憾的缘由,但说不上是个错误。”一边说着,他填写出了整手牌:

	♠A J 9 ♡4 3 ♢A 2 ♣J 10 9 8 7 5	
♠3 ♡J 10 9 8 7 6 ♢Q 6 5 ♣K 3 2	N W E S	♠K Q 10 8 4 2 ♡K Q ♢10 9 8 7 ♣4
	♠7 6 5 ♡A 5 2 ♢K J 4 3 ♣A Q 6	

“怎么,”猫头鹰吃惊地大叫起来:“老爷子居然一直攥着♡Q呀!”

“就在他手里,”公猪点了点头:“他把我蒙了,但我不能说我有负罪感。”

“可是老爷子为什么……”柯基犬开口了。

“就是因为,”公猪解释道:“老爷子跟以往一样聪明。他以为,无论他出哪张大牌,兔子总会扣住♡A先不吃的,他以反常的顺序,先出♡K再出♡Q,就能发出对黑桃的选择信号来。”

在他把自己的酒杯重新倒满的时候,公猪把探询的目光投向了我们。为了得到答案,猫头鹰睿智地,慢慢点着头。

“看来,这副牌真正的错误你们都错过了,”公猪继续说了下去:“认为♡A会缓拿不是什么不合情理的想法,但是定约人真的没缓拿,老爷子还有两个补救的机会。第一个是我给他的,我忍让了我的♣K。如果不是我这么打,防守方本来就没有机会了,因为红桃是结结实实地真被堵塞住了。但是,在第二轮梅花上,狄密斯托克利有了黄金般的机会扔掉他的♡Q,在解封的同时,告诉我,他,而不是兔子拿着♡Q。可是他把这张牌紧紧地抓在手里,”公猪发出了一声空虚的干笑:“想作为通往他黑桃赢张的进张。典型的以自我为宇宙中心主义者。”

“这就是天赋上的局限性了。”柯基犬试探着说。

谁是罪犯？

又有一手牌出现在大家面前了。“你是西家”，公猪跟我们说：“你拿着”：

♠KQ82 ♡— ◇KQJ109 72 ♣73

“兔子是你的同伴，双方有局的情况下的发牌人，叫牌过程是这样的”：

西	北	东	南
公猪	卡拉赔特	兔子	花骡子
		1♠	4♣
4◇	不叫	5◇	不叫
?			

“有两个梅花输张，你什么也叫不了呀。”猫头鹰说。

“试试6♣，表示缺门怎么样？”柯基犬建议了。

公猪宽容地点着头：“理论上不错，但这套花招用得太烂，没有什么人会相信了，更别提生性多疑的茉莉了。如果她轻易地被一个男人骗了，会让她在女子空手道协会里丢脸的，她可是会长。但是我们可以用一个更细腻的方式来使用这个手段。来个5NT，大满贯逼叫怎么样？由于同伴没有将牌顶头三大张中的两张，我们总能停在六阶上。但是现在，我们好像将牌上有个漏洞，我们的梅花就应该是缺门了。”

“你就是这么叫的？”猫头鹰问。

“是的，”公猪认同了：“兔子叫了6◇，花骡子加倍了，我赶紧转叫到了6♠，但又被花骡子·茉莉加倍了。”

“你转叫黑桃是很没有私心的做法，”柯基犬说：“毫无疑问，你是想让兔子施展一下他做庄的才华。”

“我有一个更好的理由，”公猪不理他的调侃：“我的黑桃结构和茉莉的加倍标志着她能将吃首攻的牌。可事实上是卡拉赔特可以将吃回出的黑桃，但结果是完全一样的。”

“结果怎样了？”猫头鹰问道。公猪把整手牌填写出来了。

♠6
♡Q 8 7 6 5 4 3
◇8 6
♣Q 9 8

♠K Q 8 2
♡—
◇K Q J 10 9 7 2
♣7 3

N W E S

♠J 10 9 7 5 4
♡A J 10
◇A 5 4
♣K

♠A 3
♡K 9 2
◇3
♣A J 10 6 5 4 2

“茉莉碰到了首攻的问题，但觉得只要她把♠A保留在手里，就不会把自己陷入没有退路的地步”。因此，感觉很安全的她首攻了♡2，希望卡拉赔特拿着♡Q。他的确拿着呢，但你们马上就会发现，这是致命的。

“兔子从明手垫掉了一张梅花，用他的♡A抓住了卡拉赔特的♡Q。然后，按他的话说，打大牌分家，他建立起来♡10来垫掉明手的第二张梅花。他唯一的输墩就是一墩将牌了。那个倒了八辈子霉的卡拉赔特呀，”公猪咯咯地笑着：“只能闷头坐在那里唠叨，‘既然她要做出唯一把定约送掉的首攻，她干嘛还要叫这个加倍呢？’他真是苦恼透顶了！”旁人的不幸特别容易引发公猪浓郁的幽默感。

“可这到底是谁的错误呢？”柯基犬问。

“关于这一点，茉莉的观点是很坚定的。”公猪回答道：“她向卡拉赔特发动了猛攻，‘精心培育着你祖上遗赠的悲哀，在苦难的泥沼中尽情打滚，眼巴巴地盼着灾难的降临，你还能指望有什么好果子吃？你不光把灾祸带给了自己——还带给了你不走运的同伴。来点微笑！纵声大笑！着眼于光明。要有积极的精神！’她说的还多着呢，可她离开牌室时卷起的狂风把好几句都刮跑了。”公猪继续讲述着，至今还享受着当时别人的痛苦：“倒霉的卡拉赔特没听她的，没有微笑，”公猪发出了嘎嘎的笑声：“我敢打赌，他也没有什么积极的精神，对茉莉他是肯定积极不起来的。”

第二十七章 为就牌论牌者辩护

“自然而然的，你们都错了，”丑陋的公猪一边说着，一边漫不经心地把我杯子里的勃林格酒喝光了：“满脑子都是理论，你们认为通过遵守各种科学的清规戒律叫到的定约即便打宕了，也强于把一个用令人质疑、莽撞叫到的定约打成了。看来，你们都更尊重手段，而忽略了目的。”他说到此处口气非常轻蔑。

我们资深的旁观者，猫头鹰·奥斯卡张开了他的嘴。

“我希望你不要总是打断我。”公猪烦躁地把他阻止了：“因为我正要指出，你们的那些理论家和数学家都明显地背离逻辑了”。如果一个满贯要靠一个飞牌，50-50的机会，他们就认可了。但他们对叫一个在同一门花色里有两个输张，取决于对方不首攻这门花色的满贯就会跳着脚地反对，其实肯定后一类满贯的机会更大。有四门花色供选择，将牌又明显有点优先权，西家凭什么就会选中致命的首攻呢？有多大可能性他会拿着你害怕的那门花色的AK，如果他没拿着，你不是有三比一的成功机会吗？

“理所当然，如果你是个科学家，一门心思地叫出每一张大牌和双张，你纯粹是自寻烦恼；但如果你的叫牌进程什么信息都不暴露，比如说，1NT-6♠，或者1♠-4♠-6♠，西家怎么会知道该首攻什么？”

作为一个注重礼节的绅士，公猪恭敬地等猫头鹰给大家的酒杯都续上了酒，才再次开口讲下去：

“问问你们自己看：什么是一个好定约？当然是你比较可能打成的定约了，就这么一个条件。没那么多复杂的需求，用不着一堆条条框框。你们的就牌论牌者路子有点野，”公猪总结说：“但他往往是正确的，你们都清楚，即使他自己也经常说不清缘由。”

大概率的满贯

接连两天里出现的两副牌引发了这场讨论。在第一副中，公猪和兔子面对的是老爷子和卡拉赔特。双方有局，坐在南家的公猪拿到的是：

♠A J 10 9 6　♡A K 8　◇A K 5　♣Q 2

两家不叫后，他开叫1♠。老爷子不叫，兔子给他加叫到3♠。卡拉赔特不叫，公猪信心满满地叫出了6♠。

“我不是瞎子，”公猪事后解释说：“我明白有输掉两墩梅花的危险，但是我也是没有办法了。A问叫对我没什么用处，因为我并不需要♣A。一位科学家也许要开始扣叫了，但是兔子会向我表示♣K，或者单张一类的控制吗？这事可太没把握了，如果我们做了一系列的扣叫，两个人都知道了在梅花里有漏洞，老爷子也就知道该攻什么了。可事实上，他首攻了一张将牌。

North:
♠K Q 8 7
♡Q J 10
◇Q 10 4 3
♣J 4

West:
♠4 2
♡9 6 5 3
◇8 2
♣10 7 6 5 3

East:
♠5 3
♡7 4 2
◇J 9 7 6
♣A K 9 8

South:
♠A J 10 9 6
♡A K 8
◇A K 5
♣Q 2

“牌型的重复真是糟糕透顶了。“公猪继续说：“但你们看，只要首攻不是梅花，这满贯最差也不过就是方块的一飞了，此外3–3分布的可能性看来也不差。尽管这两个机会都不在，我还是把满贯打成了——这是不用说的了。”

我观看了打牌，过程相当简单。公猪一口气打掉了他的五张黑桃，明手垫掉了一张梅花，然后是三个红桃赢墩。紧紧地抓着自己的四张方块，亚美尼亚人被迫放弃了他的一张大梅花，希望老爷子能拿着♣Q。公猪放出一墩梅花去，就摊牌了。

“什么烂定约呀！”老爷子以厌恶的口吻喊道：“恐怕只有五十年前的人才这么叫牌吧！”

“他们现在也应该这么叫牌，”公猪反驳道：“哈姆雷特是怎么对洁儿登斯顿说的，要不然就是洁儿登斯顿对哈姆雷特说的：‘一个定约既说不上是好的，也不能说是坏的，完全取决于把它打成什么样。’大概就是这么个意思吧。”

海象损失了将牌A

仅仅一天之后，兔子和巨嘴鸟就碰上了花骡子·茉莉和海象·沃尔特。双方互有胜负，茉莉以高傲的姿态，对同伴与对手发出一视同仁的责骂。

“假如你想的时间再长一点，沃尔特，”她的嘴就没停过：“你肯定得犯错误。”没过几分钟：“跟我想的一样，按他有十四张梅花来打。还真够幸运的，蒂姆西还真是个绅士，不接受这份大礼。宕一，尽管你费了这么杰出的努力，同伴。”

当这手牌发出来的时候，两边都是有局方。我是在巨嘴鸟和海象之间观看这手牌的。

双方有局，

南发牌

♠J 10 8
♡J 8 7 4
♢10
♣Q 10 9 6 5

♠K Q 9 7 6 4
♡A 6 5
♢5 3
♣K J

N W E S

西	北	东	南
海象	巨嘴鸟	花骡子	兔子
			1♡
2♠	3♡	不叫	5NT
不叫	6♡	不叫	不叫
加倍	全不叫		

海象的加倍，一方面是因为他不相信兔子能打成这个定约，一方面是要向茉莉表达一下，她没权力为所有事务做主。他首攻了♠K后就满意地端详着明手的牌。依他的看法，这定约要宕两墩。

兔子用♠A吃了第一墩，打出◇AK，垫掉了明手的一张黑桃。他跟着又打出◇Q，显然是想垫掉明手剩余的最后一张黑桃。海象将吃了，兔子在明手超将吃，再用♣A回手，又打出了◇J。又一次被将吃并被超将吃了。将吃一张梅花回手，兔子继续打出了◇9。

海象停下来了。他倒是可以用♡A将吃，但这么打没用呀，兔子只要把明手最后一张黑桃垫了就行了。因此他垫了一张黑桃，明手也垫掉了黑桃。终于把明手的黑桃处理掉了，兔子将吃了一张黑桃后出了张将牌，♡K和♡A迎头相撞的动静很大。整手牌如下：

	♠J 10 8 ♡J 8 7 4 ◇10 ♣Q 10 9 6 5	
♠K Q 9 7 6 4 ♡A 6 5 ◇5 3 ♣K J	N W E S	♠5 2 ♡K ◇8 7 6 4 2 ♣8 7 4 3 2
	♠A 3 ♡Q 10 9 3 2 ◇A K Q J 9 ♣A	

花骡子严苛的面容上挤满了嘲笑和憎恨，但这两种情感所占的地盘恰好相当。

“你那光芒四射的减将玩法，是来自刻苦攻读的书上还是你自己的潜心研究结果呀？”她发问所用的尖酸音调应该是女子空手道协会的会员们都很熟悉的：“我说，你是否意识到了，你的将牌A没有拿到牌墩呀？”

“可最后一墩……”海象抵抗的声音实在太柔弱了。

“最后一墩是我的♡K吃到的。我都吃到了，你再吃一遍无非是为了追求虚幻的自我价值，可实际上不过是奢华无聊的练习而已。”

“我怎么能猜得到，他叫了5NT，大满贯逼叫，连♡K都没有呢？”海象还是不服。

“别拿对方让人恶心的叫牌作你这更催人呕吐的防守的理由。”茉莉驳斥了他：“男人呀，我知道，完全没有把牌打好的直觉，可用将牌A吃一墩牌怎么对你们就这么难呢？毕竟，它只能吃到一墩牌，哦，当然是能吃到的情况下！”

第二十八章 老爷子的苦日子

一年一度博尔吉亚杯上，酒神狂徒队要与畅饮的酒仙队相遇，丑陋的公猪与希腊人老爷子正面交锋的重头戏就要上演了。按照规定，每队只允许一位大师参赛。老爷子的畅饮的酒仙队经特别允许，让亚美尼亚人卡拉赔特加入了，他的厄运，具有与本赛事一样悠久的传统，被认为足以抵消其众人都认可的技术水准。

兔子、巨嘴鸟和黑猩猩都在公猪的队里，这三位都具有无可挑剔的非专家级牌手资格；老爷子队里的另一对牌手也与他们旗鼓相当，海象·沃尔特和花骡子·茉莉。茉莉心怀过分的骄傲，不肯认可她那着实不出众的水平，说她从来就没听别人说过资格限制这件事。并且，她把这种言论谴责为赤裸裸的性别歧视。

“别管计分表上写的是什么，公猪和老爷子总是赢家，”这是猫头鹰·奥斯卡充满哲理的评论：“其他人都是输家，为牌桌上出现的所有错误负责任。”

比赛的前半段对于老爷子来说真是令人烦恼。有四次，他当了明手，眼看着观众围拢了卡拉赔特。当希腊人打出了一个漂亮的安全打法，确保了十墩牌，而一个普通牌手会拿到十一，甚至十二墩的时候，竟然没有人认得这个出彩的表演。甚至于有个毫无见识的家伙还在说什么:“他根本犯不着损失一墩梅花。要是有个十张套,叫牌过程中早就有人表示了。”

酒神狂徒队在半场时的领先基本上全依仗这副牌了:

双方有局,

西发牌

西	北	东
	♠5 3 ♡J 10 8 7 ◇9 7 6 3 2 ♣K J	
♠Q 10 8 6 ♡K 3 ◇K J ♣9 8 7 6 5		♠— ♡A Q 6 5 4 2 ◇A Q 10 8 5 ♣4 3
	♠A K J 9 7 4 2 ♡9 ◇4 ♣A Q 10 2	

西	北	东	南
花骡子	兔子	海象	公猪
不叫	不叫	1♡	4♠
加倍	全不叫		

带着一副挑战的神态,好像是在说:“要是乐于在我面前胡叫,就请享用我的加倍吧!”花骡子·茉莉首攻了♡K,跟着是♡3,海象先用♡6表示鼓励,然后打出了♡A。

公猪将吃了,用♣K过手后打出了♡J,被♡Q盖打,并被♠A将吃了,花骡子垫了一张梅花。用♣J再次渡到明手后,公猪继续打出已经成为大牌的♡8,垫去了手里的方块输张。

茉莉将吃后用一张梅花脱手,公猪在明手将吃了,炫耀地垫去了自己的♣A。跟着就是一墩方块将吃,然后是♣Q,明手将吃,暗手再将吃一墩方块,打成了这样的残局:

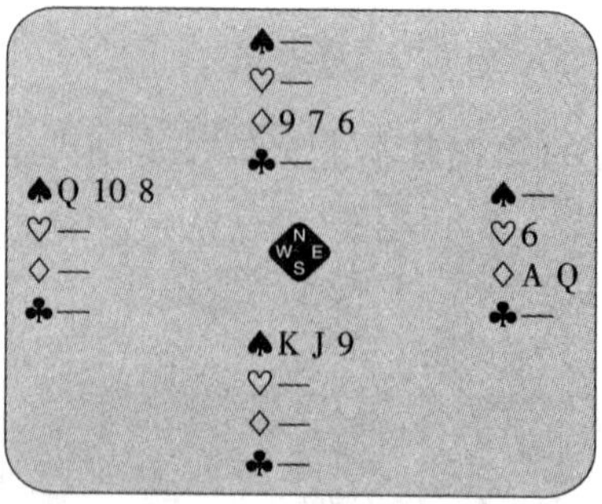

用♠9脱手后，公猪就摊开了自己的牌，嘴角上挂着愉快的微笑，等待着相互谴责的大戏上演。这个等待连三秒钟都不到。

“你为什么要鼓励我继续出红桃？”茱莉发问了：“你拿着六张红桃，难道就不知道他要将吃了吗？”

“就算我出了个♡2，你也不可能转攻一张方块啊。你肯定会出一张梅花，级别最低的花色。”海象驳斥了她。

“跟某些人还是有点区别的，我一般不会犯错误。”茱莉的攻击相当猛烈。

“别，可别这样说，沃尔特，”公猪的脸上是天使般纯真的微笑，他对这个火上浇油的机会是不会放过的：“在第二墩出梅花就要剥夺我一个重要的进张了。茱莉是不肯这样打的。”

“你要是不叫加倍，”海象坚持着：“他就不会打成这个定约。”

花骡子还没来得及告诉海象，她对他和所有飞扬跋扈的男性的看法，下一副牌就被摆到桌上来了。

在另一个牌室中，最终定约是一样的，但是，坐在西家的巨嘴鸟，不喜欢在首攻时受任何损失，首攻了♣9，让定约人卡拉赔特根本就没有机会。

甘甜的苦酒

比赛的后半程,公猪和黑猩猩搭档了,畅饮的酒仙队保持了原阵容。

酒神狂徒队稳稳当当地巩固着他们的优势,打最后一副牌之前,他们已经遥遥地领先了难以追上的1340分。最终结果不再是什么悬念了,看牌的人们开始散去了。从他们的谈话中得知,两边牌手们犯的荒谬的错误都是观众们不可能犯的。

看最后一副牌时,我坐在老爷子和巨嘴鸟·蒂姆西之间。一旦牌拿到了手里,比分的差距似乎就没什么不可逆转了。

东西有局,

南发牌

♠J 9 7 5 4 3
♡8 4
◇8 4 3
♣3 2

♠K Q
♡A 2
◇A Q 10 5
♣A 9 8 6 4

西	北	东	南
老爷子	巨嘴鸟	卡拉赔特	兔子
			2♣
不叫	2◇	不叫	2♠
不叫	3♠	不叫	4♡
不叫	4♠	不叫	不叫
加倍	全不叫		

老爷子在三次不叫时,一直装模作样地好像对叫牌过程烦透了,却突然跳出来对4♠大吼一声加倍,很清楚,对方的叫牌不可能再往高处走了。

兔子仔细研究了一下形势,但他忍住了,没叫再加倍。他后来解释说,已经把胜利的果实摘到手了，画蛇添足就不厚道了。

猫头鹰过来传牌的时候，发现桌上牌套中，南家的牌还在里面插着。"兔子，你的牌还没拿出来呢。你是怎么搞的……"

"不对，不对，"兔子不慌不忙地说："我的牌在这儿呢，牌数都对，十三张……"

"噢，我看明白了，"猫头鹰没让他说下去："但你这十三张都是黄色牌背的，人家手里的都是绿色的。你手里拿的是上一副的牌。"猫头鹰又责备他说："兔子，你就不能稍微小心点吗？"

兔子羸弱的身躯明显地开始抖动了，大汗珠子从额头上滚落下来。他紧抓在手里的还是：

♠A K J 7 5　♡A Q 3 2　◇A K　♣A Q

可这是他前面一副的牌。前一副的景象立刻闪现出来了。他开叫了2♣，同伴叫2◇他就再叫3NT。人家首攻方块，定约宕掉了，而4♠是可以简单打成的。牌打完之后他还在痴痴地想着，一点都没意识到，别人都在叫下一副牌了。

手指颤巍巍的，兔子把这手好牌恋恋不舍地交给了猫头鹰，拿起了正确的那手牌。定睛看这手牌的时候，忍不住发出了大声的呻吟，一口干掉了他的樱桃白兰地，马上又要了一杯。

我转过去看看他拿到了什么。整手牌是这样的：

	♠J 9 7 5 4 3 ♡8 4 ◇8 4 3 ♣3 2	
♠K Q ♡A 2 ◇A Q 10 5 ♣A 9 8 6 4	N W E S	♠A 10 8 6 ♡K 7 6 5 ◇J 2 ♣Q J 10
	♠2 ♡Q J 10 9 3 ◇K 9 7 6 ♣K 7 5	

喘着粗气的兔子开始计算了。他要拿多少墩才能使整场比赛不至于落败呢？宕六墩是多少分，宕七墩或者八墩呢？

不一会儿，他就知道答案了。防守方可真够残忍的。老爷子首攻♡A，又出♡2给卡拉赔特的♡K。♣Q和♣J都吃到了，亚美尼亚人又换攻了◇J，跟着出◇2，老爷子用◇Q吃进，就兑现了◇A，让卡拉赔特垫掉了他第三张梅花。七墩牌整整齐齐地码放在面前，希腊人打出了♣A。明手只剩下将牌了，兔子将吃，卡拉赔特超将吃，残局是：

西	北	东
	♠J 9 7 5 4 ♡— ◇— ♣—	
♠K Q ♡— ◇5 ♣9 8	N W E S	♠A 10 8 ♡6 5 ◇— ♣—
	♠2 ♡Q J 10 ◇K ♣—	

回出的红桃被老爷子用♠Q将吃了，打回一张梅花，又一次被明手将吃且被卡拉赔特将牌超吃。再打一张红桃，♠K将吃，又是一张梅花。拿着♠A10坐在明手♠J9的后面，卡拉赔特吃到了最后两墩牌，全取了十三墩。

兔子把眼睛闭上了。全是他一个人的错，完全由于粗心，他把比赛葬送掉了。他是不是该放弃桥牌，到修道院去隐匿了呢？或者，找一个遥远，而且跟大英帝国没有引渡协定的国度去做移民呢？

一头深深地扎进了阴郁中，他的长耳朵都没听到公猪和海象走进来时信心十足的脚步声。

“他们叫大满贯了吧？”公猪嚷嚷着：“他们落后这么多，一定会叫的。我认为他们会叫，我自己都差点儿叫了，可是茉莉加倍我的6NT了，最后这副牌真是要一举定乾坤呀……可你们这个1900分[①]是怎么回事呢？”

公猪听说了这桌的故事后，爆发出一阵狂笑：“我打出了一个超墩，因此我们得了1880分，这副牌只损失了20分。兔子呀，全世界恐怕就你能玩出这样的诈

①老式计分规则。

叫！哈哈！哈！得了，总算没吃大亏，不过，这玩法太危险了……”

公猪的高谈阔论逐渐钻进了兔子缓缓恢复的潜意识，这副牌的噩梦总算开始一点点地淡化了。

一仰脖子，兔子把卡拉赔特的菲奈特·布兰卡苦啤酒当作自己的樱桃白兰地灌下去了。这种黑黑的、苦涩的啤酒，自其问世以来还不曾给任何人带来过这般甘甜的感觉呢。

第二十九章
正义的体现

“有些时候呀，”白鹅·加文说：“桥牌里依靠运气的时候比百家乐还要多，有些时候，你打得好还是不好结果完全一样。这在百家乐里是从来不会发生的。”

“但是百家乐里没有技巧呀，”猫头鹰·奥斯卡，我们资历最深的观众可不爱听了：“玩百家乐哪有什么玩得好不好的？”

“问题就在这里了，”白鹅辩解着：“由于没技巧，因此你玩什么花招也不会被惩罚，所以也就没有非正义的出现了。某天，你拿着的8和9会少于你的邻居，但你的永远跟他的一样有价值。他手里的6不可能跟你的9一样大。技巧的因素由于得不到奖赏，就愈发额外地鼓励运气了。当然，”白鹅也大度地认可：“这种情况不会总发生的，可一旦出现了，命运女神就很难一碗水端平，得不到奖励的技巧就要产生不公正。”

白鹅·加文看起来对自己是很满意的，这也不足为奇。他不仅认为自己牌打得很有技巧，而且还创造了刚才展示给大家的理论。身为白鹅·加文，是件值得自豪的事情。

这场讨论是在星期四独角兽俱乐部每周双人赛之后分析时产生的。引发讨论的那副牌可以说是平淡无奇：

双方无局

	北	
	♠Q 9 2 ♡A K 5 ◇A 7 ♣A K Q J 4	
西 ♠K 8 7 ♡10 9 8 4 2 ◇10 9 3 2 ♣8	N W E S	东 ♠J 10 6 5 ♡J ◇Q 8 6 5 ♣9 7 6 5
	南 ♠A 4 3 ♡Q 7 6 3 ◇K J 4 ♣10 3 2	

所有的南-北方打的都是无将定约，每张牌都对位，所有人都取到了十二墩。仅仅有三对牌手叫了满贯——白鸽·蓼莉和花骡子·茉莉；白鹅·加文和鹭鸶；丑陋的公猪和悲哀的兔子。

我是先在蓼莉那一桌看完了这副牌后，跟着牌来到加文这一桌的。

女士们的叫牌是直截了当的。花骡子开叫了2♣后把白鸽的3NT应叫直接加到了6NT。

坐在西家的柯基犬·考林首攻了♡10，蓼莉马上数出了十一墩牌。她应当到哪里去寻求第十二墩呢？既然第一墩的出牌消除了红桃3-3分布的希望，看来定约取决于西家拿着♠K或者东家拿着◇Q了。哪个机会更好呢？

“人们都说，钻石(方块)是女孩子最好的朋友，”白鸽嘟囔着。“那就来吧！”抖了抖她俏丽的肩膀，兑现了◇A后就飞方块了。◇Q的位置长得对，故事有了完美的结局。

“我的牌其实只够叫4NT的，”花骡子评论着：“但是我不想让你承担太大的责任。”

鹭鸶开叫的也是2♣，但是应叫的白鹅叫了个狡猾的2NT。然后，在鹭鸶加叫到局后，他立刻就跳到了6NT。他后来解释，这是个更优秀的叫牌进程。因为，书本上说的3NT应叫，可能会被放掉，成为最终定约。那样的话，满贯可怎么叫呢？

用♡A吃进了第一墩，白鹅用♣10回手，对着明手打出了一张小黑桃。♠K

一出现,他就摊牌了。

当我们在酒吧等待算分结果时,茱莉对白鹅说:“第二十三副牌我看到你也叫满贯了,很奇怪,此外只有一对叫到了。当然了,既然方块飞得中,这牌没什么可打的。”

“飞方块干什么?”白鹅似乎受到了惊吓:“如果飞不中,即使♠K长对了位置你的定约也要宕掉了。你应当先试黑桃的机会。如果♠K在东家,你再飞方块嘛。先打黑桃的机会好过二比一,因为你还可能碰上西家拿着♠J10双张,因此……”

“太典型了!”花骡子的鼻子喷出了蔑视的哼哼声:“蓼莉信任她女性的直觉,事实已经证明了这是可靠的。而一个男人,根本打不出什么区别来,但处于更优越,或是只有他们自己感觉上的优越的位置,满嘴都是科学、百分比或者数学。真能胡扯!”

几分钟之后,就在白鹅把桥牌和百家乐放到一起比较的时候,公猪把另一桌的朋友们指责了一番之后,走过来了。

猫头鹰·奥斯卡建议说:“咱们问问公猪吧,我们在讨论第二十三副牌的满贯,就你们三对叫到了。”他把头转向公猪继续说下去:“加文是按照西家拿着♠K打的,蓼莉是飞方块打成的,加文认为他的打法至少强一倍以上。茱莉觉得也不过强了三分之一。他们俩谁说得对呢?”

“加文对了。”公猪回答。

“听到过一个男人认为女人是正确的吗?”花骡子根本不服气。

“就是嘛!”白鹅高兴地大叫着:“我就知道咱们俩打的是同一条路线。”

“我打的可和你不一样,”公猪立即跟他撇清了关系:“我飞方块了。你觉得这打法怎么样?”

“可你刚刚还说加文是对的呢,”猫头鹰听不下去了:“你这不是自相矛盾吗,我们……”

公猪专横地伸出一根肥壮的食指,把猫头鹰的话头切断了:“我说他对了,并不是说他打对了，而是他的打法比蓼莉的打法强了一倍，这是没错的。”公猪解释道：“如果方块飞不中，她就会把定约打宕了，或者把定约打成了也完全是侥幸。加文至少给了自己第二个机会。而我，给了自己所有的机会。只要♠K的位置是对的，我的定约就能够完成，即便方块飞不中也不要紧。你看明白了，是不是，奥斯卡？”

眨着圆圆的琥珀色大眼睛，猫头鹰发出柔和的咕咕声，慢慢地点着头。

“你真看明白了？我信任你。无论西家回出什么，我都把♠A打掉，并且兑现我所有的赢张，只保留♡Q，出牌权保留在明手。该西家对最后一张梅花跟出时，残局是这样的：

	♠Q ♡5 ♢— ♣—	
♠K ♡10 9 ♢— ♣—	N W E S	♠J 10 ♡— ♢— ♣—
	♠— ♡Q 7 ♢— ♣—	

“看到了吧，西家被紧逼了。先飞方块是正确的，但前提条件是你要知道你在干什么，否则就错了。就跟你们说的似的，未必奖励的技巧造成了非正义。你和蓼莉都打错了，但是原因各有不同。我打对了，也不过就比你们多拿一墩而已，毕竟你们也完成了定约。这对于你们来说就是非正义。“

幸运的魔鬼

公猪的话音未落，我们就听到一声空洞、沉闷的干笑：“非正义！”也不知道卡拉赔特是什么时候遛过来的：“同一轮里的下一副牌，那才是非正义的集中体现呢。他怎么就不肯聊聊这副牌呢？”

南北有局，

西发牌

	北	
	♠A Q 10 9 8 7 ♡A Q J 2 ◇4 ♣7 5	
西 ♠5 ♡6 4 3 ◇10 8 3 ♣Q J 10 8 3 2		东 ♠K 2 ♡K 10 9 7 ◇A K Q 9 7 6 ♣K
	南 ♠J 6 4 3 ♡8 5 ◇J 5 2 ♣A 9 6 4	

西	北	东	南
老爷子	公猪	卡拉赔特	兔子
3♣	加倍	3◇	3♠
4◇	4♠	全不叫	

大多数桌都叫到了4♠，两张高花K都长在A的后面，防守方能够在每门花色吃到一墩牌。

事情在公猪这一桌有所不同，但我们还是听卡拉赔特来讲这个故事吧。

“老爷子首攻◇3给我的◇Q。我转攻♣K，被兔子吃了，他开始苦苦思考了。他需要几乎同时做三件事情——飞将牌、飞红桃并将吃方块。书本上说，定约人总是在早期将吃什么，因此兔子就这么做了。可将吃一次方块后他没法回手飞牌了。被逼无奈的他兑现了♠A，又打出一张黑桃，看到被我吃进了，总算是个安慰。

“由于飞牌注定是飞不中的，从明手出他也没吃什么亏。我没有别的选择，只好打出◇A。兔子不想再次被困在明手，就垫掉了明手的第二张梅花，这回我可是彻底没办法了。回出一张红桃马上就完蛋了，所以我还是坚持出了一张方块，现在你们看到那个昏头昏脑的第三墩时将吃方块所显现的魔鬼效用了。

“他自己手里也没有方块了，兔子就扔掉一张红桃，在明手将吃了。现在就剩下红桃飞牌了，但是如果他用♠J回手，这是他唯一的进张，他手里就只剩下一张将牌了,而他需要将吃两次红桃,无计可施的他只好选择红桃的将吃飞牌。这个笨手笨脚的家伙就又一次稀里糊涂地获得了成功。这才叫非正义呢。”亚美尼亚人说到这里,气得嗓音都颤抖了。

“兔子根本没弄明白这副牌该怎么打,误打误撞地认为书上说要先将吃方块,其实,书上讲的肯定是根本不同的情况。如此微妙的打法完全不属于他。别人谁都没打成这个定约,事情是明摆着的,说明哪个定约人也没有糊涂到他这个地步。可吃底分的是我们,圆圆的零,而公猪正忙着说什么技巧没得到奖赏的时候就白白得了个顶分!”

“我对你深表同情,”公猪放下空酒杯,开口了:“对于你那个结结实实的底分,我没什么可质疑的。但无论如何,你的防守也不该让人赞扬吧。”

“什么!”卡拉赔特大叫起来:“看来你能在第五门花色里脱手吧!”

“完全没必要,”公猪驳斥了他的说法:“当你用♠K进手时,应该回出一张小方块,而不是◇A。然后……”

“可兔子拿着◇J呀!”卡拉赔特冲动地打断了他。

“说得对,”公猪点着头:“但你并不知道。老爷子首攻的◇3表示他拿着◇J或◇10,哪张都有可能。承认吧,你根本就没想到这一点;你根本就没想着要击败这个定约。实战中,没有什么区别,因为是兔子,而不是老爷子拿着◇J。要不是这样的话,你这张深思熟虑后打出的牌就要送掉这个定约了。不能说这仅仅是运气的问题,可我还是坚持自己一贯的说法,卡拉赔特,你可的确是个运道不错的魔鬼。”

第三十章
兔子要维权

一个雷雨交加的晚上，坐在鹰头狮身俱乐部的酒吧里，悲哀的兔子详述着他的人生哲学。

他解释说，他可不是个平均主义者。他不相信每个人，尤其每个牌手，都是生来平等的；或者说环境、教育等等后天因素也没可能把一只巨嘴鸟或海象变成一个公猪或老爷子那类的牌手。从反向来推这条理论也是正确的。只有少数几个人能像鹭鸶那么恶毒，或像花骡子·茉莉那么自命不凡且以自我为中心。

兔子对自己处理问题的本领有限是丝毫不怀疑的，因此他乐于对比他强的人言听计从。这就叫人尽其所不能而行事。当然了，他不是很享用公猪对他的辱骂，他内心也认为公猪把恶语相向的权利范围过于扩大化了。但至少，公猪还是有道义上的权利来责骂他的。

“别管怎么说，世界上毕竟还有封建领主的初夜权这回事，如果你们听得懂我说的是什么。但我完全不能接受，”兔子语气坚定地宣称：“像鹭鸶或者花骡子之类发出的嘲笑或讽刺。原因就是，他们这辈子看见过的桥牌书摞在一起，比我书架上的还要短二十英尺。好多书我都读完了，而且，总有一天，我要把它们都读完！”

我们都清楚，话题早晚要转到鹭鸶和花骡子的身上。在一个星期之内，兔子两次跟他们有过政治家们所说的正面遭遇了。第一次是这么个情况：

双方有局，

北发牌

	♠A J 4 3 ♡A K Q ◇K 9 6 4 ♣K 3	
♠K 8 7 2 ♡7 4 3 2 ◇Q 8 7 3 ♣2	N W E S	♠Q 10 9 5 ♡8 6 5 ◇J 2 ♣A J 10 9
	♠6 ♡J 10 9 ◇A 10 5 ♣Q 8 7 6 5 4	

西	北	东	南
鹭鸶	白鹅	老爷子	兔子
	2NT	不叫	5♣

全不叫

当老爷子对最后的定约不叫之后，猫头鹰善于表达的眉毛从他琥珀色的眼睛上一路高扬至额头顶。“你可是人精呀，老爷子，你怎么就会不叫个加倍呢？”猫头鹰问。

“对只死兔子开枪，我可一点都没有快感。”老爷子粗声大气的回答，充分表达了他的傲慢。

可事情却出现了出人意料的转机。那位生物诡辩术的荣誉教授，我们嘴里的鹭鸶，首攻了♠2。

“咱们可能丢满贯了。”白鹅·加文探过身来，与兔子交换牌时说。

“不入流的习惯。”鹭鸶咝咝地斥责道。

“在国外人家都这么做。”白鹅不以为然地说。

“在国外！”鹭鸶轻蔑学着白鹅的口音。

兔子扑上了♠A，将吃一墩黑桃后仔细地研究着局面。“别瞎说，加文，”

他沉稳地说："这满贯叫到也不怎么样。实话说我认为叫到满贯也没打法。我认为我会出张将牌给K,再回出张小将牌手里放小,希望左边是双张将牌A。即便这样……"

"男人从来就不懂得为旁人着想，"花骡子·茉莉生气地打断了他："我等着上桌都等了二十多分钟了,我可以请求你先把手里的牌打完,留着你们那高深如玄学的讨论找个不烦人的地方再进行吗？"

鹭鸶把一张牌抽到手里。"我们都听到你那重大的声明,你要对着K出一张将牌了。还剩下十张牌要打。"他薄薄的,毫无血色的嘴唇向下弯曲着,挂着一脸嘲弄的冷笑,他把那张牌伸到了桌子的中间。

"我根本没做任何声明,甭管重大还是不重大的,"兔子激动地反驳着："因此,请你把那张牌先收回去吧,教授。"

"你刚才说的很清楚……"鹭鸶说。

"我说的是满贯该怎么打。我们又没叫满贯。"兔子把他顶回去了。

"你就是说了……"鹭鸶还在坚持着。

"根本没有。"兔子的态度很强硬,说着,就把♡J摔到了桌上。

没有旁人支持他,鹭鸶只得摆着一副日常的臭脸,让步了。兔子又将吃一墩黑桃回手,第二次用红桃渡到明手,将吃了最后一张黑桃。然后他就靠在椅子背上。鹭鸶还保持着冷笑,等着他出将牌。如果第三轮红桃能站得住,对于他来说是多好的一堂课呀。即便是有人将吃了,说不定也是用长将牌将吃的,因此这是不会吃大亏的。如此巨大的诱惑是难以抵御的。梗着脖子盯着鹭鸶,兔子打出了第三轮红桃。大家居然都跟出了。

关键时刻是拖也拖不过去的。迫不得已,他兑现了◇K,又用◇A回手,他准备好了要说："教授,你们可以拿你们的将牌了。"但是,当他看到老爷子的◇J时,他却有了新想法。他可以用◇Q投入老爷子,让他出第一张将牌。他满怀希望地用◇10脱手了。这是四张牌的残局：

	♠— ♡— ◇9 6 ♣K 3	
♠— ♡7 ◇Q 8 ♣2		♠— ♡— ◇— ♣A J 10 9
	♠— ♡— ◇10 ♣Q 8 7	

鹭鸶发出恶毒的嘶嘶声；希腊人口沫四溅，但他无法避免将吃掉◇Q，而且无论他跟下来出什么，他都只能用将牌A得到一墩牌了。

兔子总算完成了定约，但更精彩的是，从头到尾，他都没有调过将牌。

“将牌的分布真够恶劣的，”白鹅说：“咱们挺走运的，没叫这个满贯。”

兔子的解封

第二次迎头对抗发生在最近一次酷热的天气中。气温接近了历史的最高纪录，大家都很疲倦，几乎忍受不住时，这副牌出现了：

双方有局，

东发牌

	♠— ♡Q 6 4 3 2 ◇8 5 4 2 ♣7 4 3 2	
	♠A K J 9 8 7 6 4 ♡A 7 5 ◇— ♣A 10	

西	北	东	南
海象	花骡子	黑猩猩	兔子
		1◇	2◇
3◇	3♡	4◇	4♠
不叫	不叫	加倍	全不叫

“我就知道我得听到这个叫品，”花骡子一边摊牌一边说：“我怎么就偏偏坐在这么个倒霉的位置上了。”

海象·沃尔特首攻◇3给黑猩猩的◇K。

苦苦思考的兔子用吸管咂着冰酸橙汁，一门心思地做着摄氏和华氏之间的温度换算。“先乘九，再除五，然后……”他悄悄地念叨着。

“我觉得，你是没有方块了？”茉莉冷冰冰的声音问道。

“没，呃，没方块了。”兔子嘴里回答着。酒吧间的温度计显示的是三十三度，那么换算过来就是一百度——水都要开了。算得对吗？

“我估计也没将牌了吧？”茉莉还是紧盯着。从幻梦中解脱出来的兔子看到了她脸上的嘲笑，那是彻头彻尾的轻蔑。怎么着，她是在呵斥低等级的牌手吗？她以为她是谁？公猪吗？

兔子的内心相当激动。

“既没方块也没将牌，”他挑衅似地昂起了头，拉开了架势把♡5明晃晃地放到了◇K上。“一个解封打法，”他对坐在身边的巨嘴鸟说，可这声音大到所有人都能听到。

“呵呵，这家伙来了脾气了。”茉莉锁紧了嘴唇，讥讽地说。

兔子将吃了第二轮方块，打出了♠A。当海象示缺时，他停顿下来。除了他已经丢掉的一墩，他还要交出两墩黑桃、一墩红桃和一墩梅花。回头这副牌讨论起来可够受的。一脸凄苦的他只得慢慢出牌了，先把将牌打光再说。黑猩猩在第三轮将牌进手后，继续出方块。兔子将吃了，继续出第四轮将牌，逼出了♠10。回出的又是一轮方块。兔子用他倒数第二张将牌将吃后，打出了♡A，击落了黑猩猩的♡K。整手牌是这样的：

	♠— ♡Q 6 4 3 2 ♢8 5 4 2 ♣7 4 3 2	
♠— ♡J 10 9 8 ♢Q 9 3 ♣K Q 9 8 6 5	N W E S	♠Q 10 5 3 2 ♡K ♢A K J 10 7 6 ♣J
	♠A K J 9 8 7 6 4 ♡A 7 5 ♢— ♣A 10	

稍稍舒了一口气，兔子准备认宕一了，但他忽然又有了个更好的主意。他先提掉了♣A。海象扔掉了♣Q，黑猩猩跟了♣J。兔子又打出他最后一张将牌。三张牌的残局如下：

	♠— ♡Q 6 4 ♢— ♣—	
♠— ♡J 10 ♢— ♣K	N W E S	♠— ♡— ♢10 7 6 ♣—
	♠9 ♡7 ♢— ♣10	

海象·沃尔特束手就擒了。

"打得挺好的，兔子，"等着看黑猩猩笑话的公猪哈哈大笑了："只有在第一墩调整输张才能打到这样的残局。我敢说，你想了这么半天才找到正确打法，茉莉应该可以原谅你的。"他不怀好意地对花骡子咧嘴笑着。

"他打得多慢效果都是一样的，"茉莉还在嘲弄兔子："只要♡K 掉下来，这牌傻子也能打成。"

"那你打给我们看看，"公猪驳斥了她："如果你打出♡A，击落了♡K，再放掉一轮红桃，人家出第三轮红桃就把这个紧逼化解了。你必须得在第一轮红桃时双手出小，我认为，即便是你，茉莉，你们那个性别著名的直觉的拥有者，也想不到这个打法。反正我认为兔子是想不到的。”

别说想了，兔子连听他说话的功夫都没有。他正忙着用九除以三十三，然后再乘五呢。

第三十一章 卡拉赔特的好日子

下午的牌局刚刚结束，酒吧里的人还没有完全聚集起来。卡拉赔特忧郁的目光呆呆地投向他那杯菲奈特·布兰卡苦啤酒。“是的，”他叹了口气：“谁都有走好运的时候，今天就算是我的吧。”

企鹅·流浪者吃惊地抬起了头；猫头鹰·奥斯卡疑心重重地眨着眼睛。

“再也想不出有比这手牌更幸运的了。”亚美尼亚人继续说，可他语调中的苦涩和他所说的话实在不搭配：“什么都对头，每张牌，每门花色，每一个飞牌。”

“你大概是替别人打的这副牌——替兔子，他当时要给他的星相师打电话吧。”猫头鹰试探着说。

发出一声干笑，卡拉赔特掏出一张纸，写下了南-北方的牌：

双方有局，

南发牌，

南北有 40 分

♠A K 10 2
♡Q J 9 3
♢6 2
♣10 9 7

N W E S

♠8 5 3
♡6 4 2
♢A Q 8
♣A K 8 2

西	北	东	南
			1NT
不叫	2♣	2♢	不叫
不叫	2NT	全不叫	

“打牌的都是谁呀？”奥斯卡问。

“公猪坐在西家，这就是我们所知道的一切，也是一切我们需要知道的，如同济慈所说。”他若有所思地说着：“首攻的是♢10，让它吃到了第一墩。又出♢9，被♢Q吃到了。南家先着手打红桃，你们赞同吗？”

看来挺合理的。猫头鹰点着头；企鹅也认可了。

“西家跟出了♡5，明手出♡J，东家的♡A吃了，他坚持出方块。在定约人的♢A上，公猪立刻垫掉了♡K。”亚美尼亚人停顿下来，加强他讲述的效果。

“防得很漂亮，”猫头鹰说：“他扔掉K是为了给同伴的♡10制造进张，如果同伴有♡10的话。看得出来，他认为，除非让东家收获他的方块赢墩，这个定约是没法打宕的。”

“那么？”卡拉赔特问道。

“我们已经有七个快速赢墩了，”猫头鹰琢磨了一阵后说：“最好的取得第八墩的机会就是按照梅花大牌分家或者都在东家来打。对，我就用黑桃过手，拉♣10来飞。”

“公猪用♣Q吃进后回出♠7，”

“这没什么。扑上♠A后继续出♣9。”猫头鹰坚持自己的打法；企鹅赞同地点着头。

“你就不想先把♡Q兑现了？”亚美尼亚人问。

“这墩牌又跑不掉，”猫头鹰答道：“如果我兑现了♡Q，而公猪拿着♣J，他就能用黑桃把出牌权递给东家，我可就一墩牌都拿不到了。说吧，后来怎么样了？”

把这手牌填写完整了，卡拉赔特对他说：“打牌过程就和你讲述的一模一样。

公猪赢进这墩牌后兑现了♠Q 和♠J。定约宕一。”

	♠A K 10 2 ♡Q J 9 3 ◇6 2 ♣10 9 7	
♠Q J 7 4 ♡K 10 5 ◇10 9 ♣Q J 4 3	N W E S	♠9 6 ♡A 8 7 ◇K J 7 5 4 3 ♣6 5
	♠8 5 3 ♡6 4 2 ◇A Q 8 ♣A K 8 2	

“你们看啊，”亚美尼亚人接着说：“什么都是有利的。♠QJ 刚好能被♠AK10 捉住，◇AQ 坐在◇K 的后面，大红桃是分家的，这门花色还是 3–3 分布的，所以我说所有……”

“除了梅花，”企鹅插进来了。

“恰好相反，”卡拉赔特驳斥了他的说法：“梅花的位置也很好，只要你兑现了♡Q，你就知道真像了。弃掉♡K 的打法太夺人眼球了，你根本没法想象公猪真实的牌情。阴影总是比物体本身大。试试兑现♡Q 的效果。当所有人都跟出了，你就兑现♡9，再兑现♡3，每个人都只剩下三张牌了。明手还剩下♠102 和♣7，你自己保留这♣AK8——而可怜的公猪就被残酷地紧逼了。你拿到的不是七墩，而是十墩！”

卡拉赔特举着空杯子转向了酒吧侍者：“再来一杯，这回加上一碟子奎宁吧。今天晚上这苦啤酒的糖分太重了。”

我们都对他表示了同情。“更加让人烦恼的是，”卡拉赔特冷笑着说：“他竟然把这副牌打得比往日强多了。他每张牌都打得和你们说的一样……”

“他？”猫头鹰叫了出来。

“我觉得这是你的幸运牌嘛。”企鹅也插嘴了。

“不，不是，”亚美尼亚人说：“这副牌的确是我的幸运牌，但我是明手。海象是定约人，只要他像往日那么稀里糊涂地打，这个定约就可以打成了。今天他也神了，居然没有把公猪扔掉♡K当作一个炫耀的玩法，却把它认定为给坐在东家的黑猩猩创造进张的打法。这完全不像他的路数嘛。他从前根本没有打得这么出色过，而且今后也不可能了。就是今天，仅仅是今天，我走运的日子，他就这么出色了！假如，在我运气好的日子里，牌张都对了，同伴也出彩了，我还是吃负分，设想一下吧，我其余的日子都是怎样的煎熬啊！”

海象觉得没什么可遗憾的，他的评论是：“拿着二十三个大牌点，咱们怎么都应该叫。”直到今天，他都不知道♡10拿在公猪的手里。

“我想，”猫头鹰为了避开让人难堪的话题，说：“最后这局牌是他们赢了吧？”

“接下来的那副牌，”亚美尼亚人回答：“他们叫了个满贯。叫的是小满贯，可大满贯是随便打的。毕竟，就跟我和你们说过的一样，这是我走了好运的日子嘛。”

顶级的侮辱

没过几天，海象就蒙受了一次侮辱，他花了很长、很长的时间才恢复过来。

这是我们去酒吧间休息前的最后一局牌。公猪是和兔子联手，花骡子对面的是海象。当切牌定搭档完成时，公猪压低了声音说：“活该他们倒霉呀。”牌是这样的：

双方有局，

南发牌

西	北/南	东
	♠K 10 9 7 ♡6 3 ◇Q 4 3 2 ♣6 3 2	
♠J 8 ♡Q J 10 9 8 7 5 ◇A 10 ♣J 10	N W E S	♠6 5 3 2 ♡4 ◇9 8 7 6 ♣9 8 7 5
	♠A Q 4 ♡A K 2 ◇K J 5 ♣A K Q 4	

西	北	东	南
花骡子	兔子	海象	公猪
			2♣
4♡	不叫	不叫	4NT
不叫	5♠	不叫	5NT
不叫	6◇	不叫	6NT
全不叫			

叫牌过程对兔子可真是个考验。听到4NT后,他的鼻子神经质地扭动起来。公猪不可能是在问A。他是想知道兔子最好的花色还是更长的低花呢?这可是无解的难题。隐藏住心中的焦虑,兔子叫出了5♠;显然是错了,因为公猪一脸的不满,又叫出了5NT。兔子马上表示他的方块比梅花好。6NT过来的时候,他放弃了,要挨骂的话,还是等这副牌结束了再说吧,别现在就找骂。

花骡子·茉莉首攻了♡Q。公猪吃进后先打了两轮黑桃。一看到茉莉的♠J掉下来了,他就转打◇K。赢进这墩牌后,花骡子又坚持打了一轮红桃,海象垫了一张黑桃。

公猪兑现掉◇J后就摊牌声称了:"十一个现成的赢墩,你们都看得见,"他说:"沃尔特被紧逼了……"

海象发出一声吼叫以表示不满。公猪转向他,解释说:"每张牌都是标明的,我亲爱的沃尔特。第二轮红桃你就示缺了,因此茉莉有七张。她跟出了两次黑桃和两次方块,因此她不可能有两张以上的梅花,而你就不可避免地在低花中被紧逼了。"

海象气势汹汹地喊着:"谁也别想紧逼我。我手里就没有可以被紧逼的东西,一个大牌点都没有,半个也没有,别管你是谁,没有人能从岩石里弄出一滴血来。"海象·沃尔特是个有分量的人物,劳埃德协会和玛丽勒本板球俱乐部的会员,谁也别想蒙他。他牌打得一般般,但是他跟任何专家一样,可以数到零。

“哦,好吧,”公猪说:“我就打给你看吧。”他兑现了♣A 和♣K,又用♠K 过手。剩下四张牌了,他在这样的残局中打出了♠10:

♠10
♡—
♢Q 4
♣2

♠—
♡—
♢9 8
♣9 7

♠—
♡2
♢5
♣Q 4

“在♠10 上,你打算垫什么呢,沃尔特?”公猪以最最温和的语气问着。

“要我说,这可真够有趣的,”茉莉用她最尖酸刻薄的语气说:“在蝴蝶俱乐部,自鸣得意被认为是很不合体的。如果有谁误打误撞地叫进了一个幸运的满贯,他马上会向对手道歉的,可话说回来,我们那里不过是个只招待淑女的俱乐部。”一说完,花骡子·茉莉就抓起自己的手袋,一阵风似地离开了牌室。

恶狠狠地低声嗥叫着,海象也相随着离开了。